JN303775

英語「なるほど！」ライティング

イラスト■江田ななえ

英語「なるほど!」ライティング

通じる英文への15ステップ

著

遠田和子
岩渕デボラ

講談社

はじめに

本書のねらい

　英語でうまく自分の考えを表現するためには、基本的な文法の知識や語彙はもちろん必要ですが、これに加えて、もうひとつとても大切なものがあります。それは、日本語と英語、各言語の特徴と「世界観」の違いを理解することです。この本を書いた私たちは、それぞれ日本語と英語を母国語とする日本人とアメリカ人です。2人とも日本で長年、翻訳の仕事を続けていて、仕事の中で日本語と英語の間を行き来する毎日を送っています。この本では、2人がこれまでに蓄積した言葉と文化に対する気づきをもとに、日本語と英語の違いを説明しながら、効率よくこの違いを乗り越え、平明な英語表現を身につけるコツと工夫を紹介します。読み終えたとき、皆さんが「本当に伝えたいことを、自然な英語で伝えられるようになる」ことが本書のねらいです。

目指す英語は3Cs

　英文ライティングでは「工夫して書く」ことが大切です。何をどう工夫するかの指針を3Csとしてまとめました。これはCで始まる3つの英単語 **Clear**、**Concrete**、**Confident** を指しています。

Clear　　　明解（＝簡潔）である
Concrete　具体的である
Confident　自信に満ちている

Clear「明解である」── 最も大事な指針です。すべての「書く」行為には目的があります。例えば、気持ちを伝え、意見を表明し、成果を報告することのほか、正確に情報を伝え、読み手を納得させ、行動を起こしてもらうことは、ビジ

ネスではもちろん、日常生活においても重要です。このような目的を達成するために必要なのは、できるだけわかりやすく書くことです。長々と、複雑で凝った表現を多用すれば良い文になるわけではありません。わかりやすさの源は、明晰な論理と簡潔さにあります。読む人に負担をかけず、一度読めば直ちに内容が理解できる文が、良い文です。基本的に、「まったく同じ情報を伝えるなら、2語や3語ではなく、1語で伝えるほうがよい」というわけです。ですから、Clearには「明解」に加えて「簡潔」の意味も込めています。

Concrete「具体的である」──これはClearと深く結びついています。人間関係やその場の雰囲気を大事にする日本の文化では、あいまいに物事を表現しても、社会で共有する常識を土台にコミュニケーションが成り立つことがほとんどです。一方、多民族の英語文化では暗黙の了解や規範が少ないため、明解な表現で誰にでもわかるよう情報を伝えなくてはなりません。英語では「行間を読んでもらう」ことは期待できないので、客観的な事実やデータを使って、具体的に書くことが大切です。より具体的に描写するよう心がけると、内容が充実して文の質も上がります。具体的であることは、伝わる英語の大切なポイントです。

Confident「自信に満ちている」──日本人のための指針です。控えめであることが尊ばれる日本語で考えを練るとき、あいまいさや謙遜の気持ちが忍び込むことがあります。また、多くの日本人は「自分は英語がヘタ」という意識を持っていて、そのせいで腰が引けて、伝えたいことを100%伝え切れないことがあります。アメリカなど多民族の国で生活すると、英語が母国語ではない人々が、自信を持って英語で自己表現している姿を目にします。伝えようとする中身が優れていれば、たとえ英語が完璧でなくても人は興味を示します。実際のコミュニケーションの場では、「正しい（correct）」英語に過度にこだわるよりも、「自信に満ちている（confident）」ほうが伝わります。ConfidentはClearでConcreteであろうとすれば、達成できます。明確で具体的なアイデアは、常に自信に満ちています。

3Csは英語のみに有効なわけではありません。母国語である日本語で3Csを実践すると、それが「伝わる英語」の確かな土台になります。**Clear**、**Concrete**、**Confident**の3つのCをコミュニケーションの指針として、「通じる英文」を自分のものにしましょう。

目次

はじめに 4
本書の構成と使い方 8

PART 1　英語のセンテンスを組み立てる

CHAPTER 1　英語では主語が大事──隠れた主語を見つけよう………12
CHAPTER 2　まずは主語を決める──主語は人、それともモノ？………28
CHAPTER 3　能動態を使おう──弱い動詞から強い動詞へ………42
CHAPTER 4　魔法の前置詞──「前置詞は苦手」からの脱却へ………62
CHAPTER 5　順番を考えて書く──どっちが先でどっちがあと？………78
CHAPTER 6　日本語の影響から自由に！──「ある」から「する」へ………94

PART 2　アイデアを英語らしく表現する

CHAPTER 7　英語はポジティブにいこう！──「否定」から「肯定」へ………112
CHAPTER 8　具体的な言葉は伝わりやすい──「抽象」から「具体」へ………126
CHAPTER 9　自信を持って言い切ろう──「あいまい」から「言い切り」へ………140
CHAPTER 10　文は短いほうがわかりやすい──「冗長」から「簡潔」へ………154
CHAPTER 11　和製英語には要注意──「カタカナ語」から「本物」へ………172

PART 3　センテンスからまとまった文章へ

- CHAPTER 12　英文はとにかく「結論が先」──「起承転結」から抜け出そう …190
- CHAPTER 13　エッセイを書こう──PREP手法 …200
- CHAPTER 14　ビジネスレターを書こう──伝えたいことを明確に …216
- CHAPTER 15　Eメールを書こう──意図を正しく伝える方法 …226

English You Can Use Today 表現一覧　245
さくいん　251
あとがき　254

本書の構成と使い方

構成

　本書は3つのパートから成り、「部分から全体へ」という構成をとっています。1つの文を作るステップから始まり、最後には、皆さんがある程度の長さの文章を書けるようになることをめざしています。

パート1
英語のセンテンスを組み立てる

　主語、動詞、前置詞などの文法的な要素にスポットを当て、英語のセンテンスを構成する方法を説明します。詳細な文法解説とは異なり、文法要素ごとに自然な英文を書くコツと工夫を紹介します。

パート2
アイデアを英語らしく表現する

　日本語と英語の違いを分析し、3Csの要素に焦点を当て、日本人が英語らしい発想を身につけるツボを紹介します。各章のサブタイトルは、すべて「○○から××へ」という形になっています。伝わる英語を書くために、どのような工夫をすればよいかという「道筋と方向」がわかります。

パート3
センテンスからまとまった文章へ

　始めに、「結論が先」という英文の最も大切な構造を学びます。それから、エッセイ、手紙、Eメールの書き方に進みます。仕事や学校などさまざまな場面で英語を書く必要に迫られている人が楽に英文を書くための、役に立つライティング手法が身につきます。

それぞれのパートを構成する各章（Chapter）は、2つから5つ程度の節に分かれています。各節では、その章のテーマを説明するのに必要な日本語の課題文（①）を提示しています。

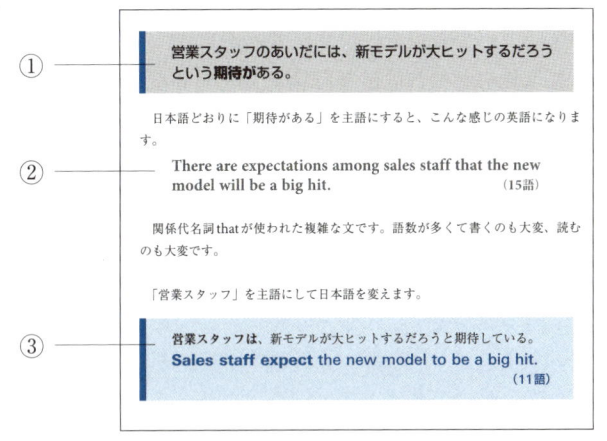

① 営業スタッフのあいだには、新モデルが大ヒットするだろうという**期待がある**。

日本語どおりに「期待がある」を主語にすると、こんな感じの英語になります。

② There are expectations among sales staff that the new model will be a big hit. (15語)

関係代名詞thatが使われた複雑な文です。語数が多くて書くのも大変、読むのも大変です。

「営業スタッフ」を主語にして日本語を変えます。

③ **営業スタッフは**、新モデルが大ヒットするだろうと期待している。
Sales staff expect the new model to be a big hit. (11語)

　それに対して、間違いではないものの日本語の影響を強く受けているため、改善したほうがいい英文例を薄い文字で示しました（②）。文法的に間違っている例文には☹マークが付いています。
　そして、課題文に対してより自然で英語らしい英文の例を、ボックス入りの青い文字で示しました（③）。

　また、本文以外に、**Native Speaker**のコメントと**English You Can Use Today**のページがあります。前者は各章のテーマに関連し、ネイティブ・スピーカーの生の声を伝えるもので、後者はテーマに関連した英語表現を、皆さんがそのまま使えるような形で紹介します。各章の最後には**Exercises**を載せました。理解を深めるため、ぜひ取り組んでください。

良い英語を書くために

　冒頭で述べたように、英語でうまく意思を伝えられるようになるには、基本的な英文法の知識と語彙、そして英語表現の蓄積が必要です。このとき、単語をバラバラに覚えるより、まとまったフレーズで覚えるほうが効果的です。単語を機械的に1対1で置き換えても、多くの場合、まったく通じないからです。暗記するならば、できるだけ平易な表現や簡単な用例のほうが、単語の使い方もわかってお勧めです。日常生活で「英語っぽいな」と感心した表現があれば、機会をみ

て使ってみましょう。真似でかまいません。最初は借り物でも、繰り返し使っていくうちに自分のものになっていきます。

　気に入った表現や役に立つ表現がたまってきたら、とても大事な次のステップに進みます。それは自分自身で工夫をすることです。自分の目的に合わせて、表現にバリエーションを加えていきます。主語や述語（動詞）を変えたり、より短く表現する方法を考えたり、この本で紹介するテクニックを駆使し、3Csを実践することで、さまざまな工夫をしてみましょう。このとき、日本語の影響を自覚しているかいないかで、大きな差が出ます。英語で書くとき、多くの日本人はまず日本語で考え、その考えを英語に置き換えます。そのため、仕上がりの英文に日本語の影が差すことがあります。この影響を自覚し、意識して英語的なものの見方をすると、「英語らしい英語」を書く工夫ができるようになります。工夫を重ねるうちに、英語表現は完全に自分のものになります。英語に限らずどの言語でも、人間の表現は自由で多彩なので、工夫の可能性は無限にあります。

　最後になりましたが、最も大切なのは、日本語でも英語でも自分の考えをできるだけ明確にまとめることです。いつも自分に「本当に伝えたいことは何か」と問いかけてください。そして、それをできるだけ明解かつ具体的に、自信を持って表現しましょう。それが、英文ライティングばかりではなく、すべてのコミュニケーションをより良いものにする鍵です。

Have something to say, and say it as clearly as you can.

That is the only secret of style.

——*Matthew Arnold*

まず伝えるべき内容をもつこと、そしてそれをできる限り明解に表現すること。これが、良い文体の唯一の秘密である。
　　　　　　　　——マシュー・アーノルド*

*マシュー・アーノルド：19世紀末に活躍したイギリスの詩人・評論家。オックスフォード大学の詩の教授でもありました。

PART 1

英語のセンテンスを組み立てる

まずパート1では、英文ライティングの基本であるセンテンス（sentence）について学びます。今まで皆さんが学校で習ってきた「英作文」や「和文英訳」とは違った観点から、自然な英文を書くコツを紹介します。難しいことはありません。英文の「骨格」である主語や「筋肉」である動詞の選び方に注意し、前置詞や副詞、形容詞の使い方に気を配るだけで大きな効果が出ます。ちょっと工夫するだけで、簡潔でわかりやすい英文が簡単に書けることを実感してください。

CHAPTER 1

英語では主語が大事
——隠れた主語を見つけよう

- 主語はいろいろ選べる
- 視点を変えて主語を決める
- 主語を変えて英文を考えることのメリット
- 見かけの主語を変えて簡潔で英語らしい文にする

主語がないと英文は成り立たない

　日本語と英語の最大の違いは「主語」です。日本語では主語を省くことが多いのに対し、英語では主語がないと文が成り立ちません。英文ライティングは、主語を選ぶことから始まります。

　日本人が英語を書くとき、日本語で考えたアイデアを英語に置き換える作業をします。そんなとき、日本語の文の中に主語らしきものがあると、それをそのまま英語の主語にして英文を書き始めることが多くなります。次の例を見てみましょう。

　　ビデオゲームは子供に悪いと考えている人がたくさんいる。

　このような日本語文を見ると、「人がたくさんいる」に注目し、there are many people と書き始める人がいます。では、それに続けて「ビデオゲームは子供に悪い」を video games are bad for children に置き換えてみましょう。

次のような英文ができます。

> There are many people who think video games are bad for children.

しかし、上記の日本語文は「多くの人は、ビデオゲームは子供に悪いと考えている」と同じ意味ですから、「多くの人」を主語にする文も可能です。

> Many people think video games are bad for children.

主語を変えたら、短くて簡潔な英文になりました。英語は基本的に「誰が何をする」を表現するアクション志向の言語です。2つの英文を比べると、Many people think... のほうが英語的で力強く、書くのも簡単です。このように、主語は、英文全体の構成や長さを決定する要素です。主語がないと文が成り立たない英語では、書き始めが肝心なのです。

主語が英文の骨格を決める

英語は主語と述語が基本です。主語が文の鍵となり全体の形を決めます。オセロゲームをしたことのある人は、決めの一手を打った瞬間に1列分のコマがすべて自分の色にパタパタとひっくり返る快感を味わったことがあると思います。英文の主語の選択は、他のコマの色、つまり文中の他の要素ばかりでなく文全体の構造を決めてしまうという点で、この一手に似ています。適切な主語を見つけると、一瞬にして、述語をはじめとする他の要素が所定の位置に収まり、簡潔で美しい英文が生まれます。英語を書いていて、どうもうまく書けないときや、複雑な構文になってしまうときは、主語を変えてみると良い結果が生まれることがあります。

英語は「始めに主語ありき」の言語です。主語の選択は英文の骨格を決め、英文の仕上がりを大きく左右します。

1 主語はいろいろ選べる

　冒頭で述べたように、英語では主語を決めないと文を書き始めることさえできません。主語を決めないと、続く動詞の活用形も決まりません。主語が決まれば残りの部分が決まるので、主語の選択はとても大切です。そこでぜひ覚えていてほしいのは「主語はいろいろ選べる」ということです。次の簡単な文の主語を変えることで、どれだけ多様な英文表現ができるかを試してみましょう。

> **ここから市役所まで車で5分です。**

　何を主語にすればよいですか？ 学校で「時間や距離を表すにはitを使います」と学習したことを思い出しましたか。itを主語にして英語にすると、次のようになります。

> 時間・距離のitが主語
> **It** takes five minutes by car from here to City Hall.

　多くの英語学習者は、このような教科書どおりの英文を思いつきます。まずこのように書けることは大切です。しかし、これが唯一の正解ではありません。他の言葉を主語にして英文が書けないかを考えてみましょう。こんなに短い文でも、いろいろな主語が選択できます。

　「ここから市役所まで車で5分です」と誰かに語りかけているとすれば、youを使うことができます。相手の立場に立ち、相手の視点で文を考えます。

> あなた（you）が主語
> If **you** drive for five minutes, **you** will get to City Hall.

　再び発想を変えると、なんと「車で5分」を主語にして英語を書くこともできます。この場合、「車の運転」を意味する名詞driveを使います。「5分間車を運転する = a five-minute drive」を主語にしてみましょう。

> 車で5分（a five-minute drive）が主語
> **A five-minute drive** will take you to City Hall.

　これは英語に特徴的な「モノが主語」の文で、直訳すると「車で5分のドライブがあなたを市役所に連れていく」になります。日本語ではありえない言い方ですが、英語では当たり前の表現です。少し格好をつけた丁寧な言い回しで、観光案内のビデオで案内嬢が「車5分で市役所でございます」と言っている感じです。

　まだまだ異なる文が書けます。次は、「ここから市役所まで」を主語にしています。日本語と言葉の並びがまったく同じです。

> 「ここから市役所まで」（from here to City Hall）が主語
> **From here to City Hall** is five minutes by car.

「**ここからだと**市役所へは車で5分です」と、from hereが強調されています。

　これで主語はネタ切れでしょうか。そんなことはありません。最後に「市役所」を主語にしてみます。

> 市役所（City Hall）が主語
> **City Hall** is a five-minute drive from here.

　これは"Can you tell me how far City Hall is?"（「市役所はここからどのくらいですか？」）という問いかけに対して返事をする場合、とても自然な英語です。その理由は、会話の焦点であるCity Hallが主語になっているからです。**焦点が当たっている情報を主語にすると、文のつながりが自然になります。**

　いかがでしょうか。英語表現はこんなにも多彩で、状況に合わせていろいろな主語を選択することができます。英語を書こうとして、スラスラと文が思い浮かばないこともあるかもしれません。そんなときはひと呼吸置いてみてください。以前覚えた文例が思いつかなくても、表現はひとつきりではありません。**英語は思っているより多様で自由です。「他の主語はないか」と考える習慣を身につけると、英語表現の幅が広がります。**

2 視点を変えて主語を決める

　英語ではいろいろな主語を選べることを念頭に置きつつ、日本語の考えや文を英語にするときのポイントを見ていきましょう。最初のポイントは**「誰の視点でものを見るか」**ということです。次の通知文で、立場・視点を変えて情報を伝えることを考えてみます。

> 特別賞にご当選されたのでお知らせします。
> 賞品は来週お届けします。

　最初の文には隠れた主語が2つあります。「当選した」のは通知を受け取る人で、「知らせる」のは通知する人または会社です。このような通知文を英語で書くとき、書き出しで「何を主語にしたらよいだろう」と迷うことがあります。こういう場合は、元になる日本語を書き直し、省略されていた主語を明示してみると、英語の主語もはっきりします。

> **当社**からお知らせいたします。**あなた**は特別賞にご当選されました。
> **We** are pleased to announce that **you** have won the Special Prize.

　通知をするのは「当社」の人間なので、主語にweを使っています。「当社」をそのまま英語にしたour companyはここでは不自然です。会社を前面に出したいときは社名を使います（仮に、ABC Co. とします）。

> **ABC Co.** is pleased to announce that you have won the Special Prize.

　「ご当選された」の主語は、書き直した日本語では「あなた」になっています。ありがたいことに、英語では性別、階層、身分、上下関係にかかわらず、相手を示す代名詞はyouしかありません。お客様が相手でもyouでOKです。

第2文では、いろいろな視点の主語を選択してみます。

賞品は来週お届けします。

この場合、いくつの視点があるでしょうか。一番簡単に思いつくのはこの通知文を書いている人の視点weです。

We will send your prize next week.

ここで視点を変えるためには、誰の立場に立てばよいでしょうか？ そう、相手の立場ですね。通知の受取人youを主語にすることができます。主語に合わせて動詞も変えなければいけません。相手は届けられた賞品を「受け取る」わけですから、動詞はsendから反対語のreceiveに変えます。当選は嬉しい知らせですから、手紙を受け取った人はYou will receiveと書いてあると喜びが増します。

> **You will receive your prize next week.**
> （あなた様の賞品の受け取りは来週になります）

自分と相手以外にもうひとつの視点があります。それは発送される物を中心に考えることです。つまり、賞品が主体の文を書くことができます。このときも、「届ける（send）」から「到着する（arrive）」に動詞を変えなければなりません。

> **Your prize will arrive next week.** （賞品は、来週到着いたします）

このように、視点を変えると主語も変わります。「賞品は来週届く」という事実は、発送する側、受け取る側、品物のどの立場に立つかにより、さまざまに表現できるのです。

主語を選ぶ際には、「何にスポットライトを当てたいか」という観点で考えてください。当選を知った読み手の関心は、自分がいつ賞品を受け取るかということです。その意味で、第2文でyouやyour prizeを主語にすると相手の気持ちに沿うことができ、読む人にアピールする力が増します。

3 主語を変えて英文を考えることのメリット

　このように、主語をいろいろ変えれば、自由で多彩な英文が生まれて英文ライティングが楽しくなります。表現の幅も広がります。それだけではなく、他にも多くのメリットがあります。

繰り返しを避けることができる

　先ほどの「特別賞にご当選されたのでお知らせします。賞品は来週お届けします」という文章で、次のようにweを主語にしたまま書き続けるとどうなるでしょう。

> **We are pleased to announce that you have won the Special Prize.**
>
> **We will send your prize next week.**
>
> **We will also. . . .**
>
> **We . . . .**

　英語は同じ言葉の繰り返しを嫌う傾向があり、すべての文がweで始まっていると、単調で幼稚な印象になります。主語を変えることで、文章に変化をつけることもできるのです。

印象を変えることができる

　主語に選んだ言葉にはスポットライトが当たります。そのため、情報の中身により主語を変え、読む人が感じる印象を変えるという高等テクニックが使えます。例えば、自分に都合の良い情報を伝えるときは一人称（Iやwe）を主語にします。当選の知らせはこの例です。

> 特別賞にご当選されたのでお知らせします。
> **We** are pleased to announce that **you** have won the Special Prize.

反対に、自分に都合が悪い情報を伝えるときは、第三者を主語にすることにより、読者の注意を自分からそらすことができます。例えば、宅配ピザのチラシに載せる文案として次の2つがあるとき、どちらを選びますか？

　　　交通渋滞により、30分以内にピザをお届けできないことがあります。

(1) **We may not be able to deliver pizza within thirty minutes due to heavy traffic.**

(2) **Thirty-minute pizza delivery may not be possible due to heavy traffic.**

weが主語だと「できない」のは「ピザ屋さん」だという印象が頭に残ります。「30分でのピザの配達（thirty-minute pizza delivery）」が主語だと、客観的な事実を述べているようで、ピザ屋さんだけではなく他の誰もできないような印象を与えることができます。チラシに載せるなら、(2)の文がお勧めです。このように、主語を柔軟に選択できれば、自分に不都合な情報でも悪い印象を和らげて伝えることができます。

4 見かけの主語を変えて簡潔で英語らしい文にする

　日本人が英語を書くとき、内容はまず日本語で考えるのが普通でしょう。頭の中でアイデアをまとめて英語を書くほか、日本語の資料を元に英語を書く、日本語の文章を英訳するという状況も多くあります。こんなとき、元の日本語の構造や論理に強い影響を受けて、英語選択の幅が狭められてしまうことがあります。すらすらと英文が思いつくときはよいのですが、うまく書けないときや書いた文がなんだか複雑だと感じたときは、まず日本語を少し変えてみてください。

　日本語の主語には一般的に、助詞「は」や「が」がつきます。そのため元の日本語文に「は」や「が」のついた単語があると、その単語を主語にして英文を書き始めてしまう人がいます。でも他の単語に「は」や「が」をつけて日本語を言い換えてみると、今まで思いつかなかった主語が簡単に見つかります。

> **営業スタッフのあいだには、新モデルが大ヒットするだろうという期待がある。**

　日本語どおりに「期待がある」を主語にすると、こんな感じの英語になります。

> **There are expectations among sales staff that the new model will be a big hit.**　　　　　　　（15語）

　関係代名詞thatが使われた複雑な文です。語数が多くて書くのも大変、読むのも大変です。そこで、「営業スタッフ」を主語にして日本語を変えます。

> 営業スタッフは、新モデルが大ヒットするだろうと期待している。
> **Sales staff expect the new model to be a big hit.**
> 　　　　　　　　　　　　　　　　　　　　　　（11語）

　簡潔ですね。関係代名詞もなく、主語（sales staff）と動詞（expect）が隣り合わせでわかりやすくなりました。**英文の読みやすさの秘訣は「主語と述語を近**

づける」ことです。英文の骨格が一目でわかる文こそ、理解しやすいのです。またsales staff expectという出だしは、「誰が何をする」という英語的発想にも合致します。

日本語をそのまま英語にしようとして四苦八苦するより、日本語で主語を変えて考えてみると、スッキリした英文が簡単に書けることがあります。日本語でも柔軟に考えることが大切です。

ではもうひとつ、日本語では隠れていたものを主語に変えると、因果関係が明白で簡潔な英文に仕上がるという例を見てみましょう。次の日本語文では「値段」と「需要」に「が」がついて主語の働きをしています。

値段が高いと、需要が減る。

日本語の言葉の並びのまま、「需要」を主語にして英語を考えると次のようになります。

When prices are higher, demand is reduced.

これは文法用語では「複文」と呼ばれる文で、主語（subject: S）と動詞（verb: V）の関係が2つ成り立っています。

When prices	are	higher,	demand	is reduced.	(7語)
主語	動詞		主語	動詞	
S +	V		S +	V	

一方、S + Vの関係が1組しかない文を「単文」と呼びます。読む人にとっては、複文より単文のほうが簡単なので、内容が頭にスッと入ります。

英語を書くとき、日本語の文と異なる主語を選ぶと、簡明な英文になることがよくあります。上記の例で考えてみましょう。「値段が」と「需要が」以外の言葉を主語に選ぶことができるでしょうか？ 文の前半に注目します。英文の主語を「値段が高くなる（prices are higher）⇒ より高い値段（higher prices）」にして「より高い値段が需要を減らす」と考えてみます。

> **Higher prices reduce demand.** （4語）
> 　　主語　　　　他動詞
> 　　S　　+　　V

　この文では、主語と述語の関係が1組しかありません。文の構造が単純なので、とてもわかりやすい文です。語数の変化にも注目してください。最初の複文では7語あったのが、単文では4語に減っています。「たった3語で、それがどうした」と思わないでください。割合で考えれば、一文が40%以上短くなっています。文の伝える内容、つまり情報がまったく同じであるならば、短いほうが読者に負担をかけない良い文であるといえます。また"Higher prices reduce demand."では、「高い値段が需要を減らす」という因果関係が明確に、かつ簡潔に示されています。

　これまで見てきたように、アイデアを表現する方法はたくさんあります。日本語でも英語でも同じです。日本語で考えをまとめるときでも、英語を書くときでも、「違う主語はないか」と自分に問いかけてみてください。**隠れた主語を見つけたら、それでまた英文を書いてみる。このようなプロセスを繰り返すことで、英文ライティングの力は確実に伸びます。**

　Chapter 2では、主語選択の自由度をアップさせる「モノの主語」についてさらに考えます。

Native Speakerのコメント

主語がよければすべてよし

　日本人の書いた英作文を直すことがよくあります。最初に書かれた主語に沿って直していくと、文がどんどん難しく複雑になり、どう直してよいか困惑することがあります。そんなとき、出発点に戻って主語を直すと、より短くわかりやすい文になることが多くあります。次の例を見てみましょう。

　　　「プロジェクトが遅れることが、予想されています」
　　　It is expected that the project will be delayed.

　日本語そのままの英文ですね。「～ことが、予想されている」をit is expected that... と表現しています。英訳をしていて文の詳しい背景がわからないときは、仕方なくこんな書き方をすることもあるでしょう。しかし自分で書く文ではもっと工夫の余地があります。工夫できるのは主語です。良い主語を選ぶと、文の残りの部分が自然に書けることがあります。

　では、この文で、予想しているのはいったい誰でしょう？　当事者である私たちですから、主語をweにしてみます。

　　→ **We** expect that the project will be delayed.

もう少し短くできます。

　　→ **We** expect the project to be delayed.

主語をprojectにすると、もっとくだけた表現になります。

　　→ **The project** will probably be delayed.

遅れることがはっきりしていれば、思い切って次のように言い切ります。

　　→ **The project** will be delayed.

　これを読めば、相手は状況に合わせて準備にとりかかることができます。最初の文と、最後の文を比べると、どちらが読みやすいですか？

English You Can Use Today

交通・移動の手段の表現

【前置詞by＋交通手段】

　byと、交通や移動の手段を表す名詞（無冠詞）を組み合わせる表現です。これはgo by carのように動詞と合わせて使います。

車で	by car	船で	by ship, by sea, by surface
バスで	by bus	飛行機で	by air, by plane
電車で	by train	陸路で	by land
タクシーで	by taxi	徒歩で	by foot（＝on foot）

【数詞＋時間の単位＋交通手段】

　ある交通手段をどれだけの時間利用するかを表現する名詞句が作れます。次の形になります。

歩いて10分	a ten-minute walk
	（ハイフンを使う場合、単位minuteは単数になります）
車で30分	a thirty-minute drive
飛行機で3時間	a three-hour flight

【使い方の例】

事務所は駅から歩いて10分です。
Our office is **a ten-minute walk** from the station.

空港まで車で30分です。
A thirty-minute drive will take you to the airport.

デンバーはサンフランシスコから飛行機で3時間です。
Denver is **a three-hour flight** from San Francisco.

EXERCISES

次の問題を解いてみましょう。

次の日本語を英語にしてみましょう。主語がない文では、「何を主語にするか」を考えます。日本語に主語がある場合は、「他の言葉を主語にして文が書けないかどうか」考えてください。

1 次の英文の主語は「One of the features（特徴のひとつ）」になっています。他にどんな主語が考えられますか。空欄に適当な英語の主語を入れてください。空欄に入るのは単語1語とは限りません。

このトラックの特徴のひとつは大きなタイヤです。
One of the features of this truck is its large tires.

違う主語→(　　　　　　) is characterized by its large tires.
　　　　　(　　　　　　) features large tires.
　　　　　(　　　　　　) characterize this truck.
　　　　　(　　　　　　) are characteristic of this truck.

2 次の日本語文の主語は「収益」です。他の主語に変えて英文を書いてみましょう。

わが社の収益は上がっている。
Earnings of our company are increasing.

3 次の文を英語にしてみましょう。できるだけ多くの文を考えてみましょう。

ここから空港までバスで20分です。

_____

_____

_____

_____

4 次の文を英語にしてみましょう。主語はだれ（何）にしますか。

ご注文の品物は郵便でお届けいたします。

_____

_____

_____

_____

解答例

1 (**This truck**) is characterized by its large tires.
　　このトラックは大きなタイヤを特徴としています。

(**This truck**) features large tires.
　　このトラックは大きなタイヤが売り物です。
　　(動詞feature を使うと「目玉の特徴」の意味が出ます)

(**Large tires**) characterize this truck.
　　大きなタイヤがこのトラックを特徴づけています。

(**Large tires**) are characteristic of this truck.
　　大きなタイヤがこのトラックの特徴です。

2 Our company is earning more.
「わが社」を主語にできます。この文では主体がはっきりしているので、より英語的な表現です。

3 さまざまなバリエーションが考えられます。

It takes twenty minutes by bus from here to the airport.
A twenty-minute bus ride will take you to the airport.
You can go to the airport by bus in twenty minutes.
If you take the bus, you can go to the airport in twenty minutes.
The airport is a twenty-minute bus ride from here.
From here to the airport is twenty minutes by bus.

4 いろいろな立場で考えられます。それぞれの主語に対して動詞が異なることに注目してください。

we を主語にした文：	We will send your order by mail.
you を主語にした文：	You will receive your order by mail.
注文の品物を主語にした文：	Your order will be sent by mail.
	Your order will arrive by mail.

CHAPTER 2

まずは主語を決める
――主語は人、それともモノ？

- 日本語と英語の発想の違い
- 人の主語から、モノの主語へ
- ここで使おう、モノの主語

モノが主語の文とは

　英語らしい文を書くには、ひとつコツがあります。それは人ではなく、モノを主語にして他動詞と組み合わせることです。「他動詞」とは、前置詞をはさまないで直接目的語を取れる動詞のことです。また、ここで言う「モノ」とは、人間以外の事物のほかに、動作や行為、抽象概念なども含みます。このようなモノの主語を、英語の参考書では「無生物主語」と呼んでいます。どのような文でしょうか。

　　The letter made my mother cry.
　　モノが主語　他動詞

　この例では、主語letter（手紙）に他動詞make（させる）が続いています。直訳すると「その手紙は母を泣かせた」ですが、日本語では普通このように言いません。モノである手紙が主語になるのではなく、人である母が主語となるのが自然です。

　　その手紙を読んで、**母は**泣いた。
　　　　　　　　　　　人が主語

この文を日本語の語順そのままで英語にしてみると、次のように主語と動詞の組み合わせを2つ含む文になります。

My mother cried when **she** read the letter.
　主語　　　動詞　　　　主語　動詞

　2つの英文を比べると、モノが主体の無生物主語の文は簡潔で、英語らしい言い方です。

モノを主体にして「英語らしい」文を書く

　モノを主体にする英文をそのまま日本語に直すと、たいていとても奇妙で不自然な日本語になります。つまり、モノが主体になる無生物主語構文は、非日本語的な発想に基づいていると言えます。日本人にとって、この構文を使いこなすのが少々難しいのはそのためです。しかし裏返して言えば、モノを主体にする文を書くコツを習得すれば、それだけで「英語らしい」文が書けるようになるのです。また、無生物主語構文はシンプルで因果関係が明解なので、内容が明確（clear）に伝わるという利点があり、きちんと伝わる英文が必要なビジネスの世界では特に重宝します。詳しく見ていきましょう。

1 日本語と英語の発想の違い

　モノが主体の文は日常の会話文でも使われています。例えば、初対面の外国人に「なぜ日本に来たのですか」と訪問の理由を尋ねるとき、日本人ならたいてい、次のような聞き方をすると思います。

>　**Why did you come to Japan?**　（なぜ日本に来たのですか？）
>　　　　　人が主語

しかし英語では、whatを主語にして次のように質問することがあります。

>　**What brought you to Japan?**（どんな目的で日本に来られましたか？）
>　モノが主語 ＋ 他動詞

　what（何）が主語の文を日本語にすると、「何があなたを日本に連れてきたのですか」となり、とても奇異です。日本人にとっては、"Why did you come to Japan?" と聞くほうが自然な感じがします。しかし英語では、初対面の人に対してなら "What brought you to Japan?" と尋ねるほうが丁寧です。「**何が**（原因）あなたをここに連れてきたのですか」という問いかけであって、個人的事情を詮索するものではないからです。

　次の例文では、月日が主語になっていて、日本語では奇妙な感じがします。

>　**Three seasons saw Rocky earn two MVP awards in the**
>　　　月日が主語 ＋ 他動詞
>　**league.**
>　　直訳：3シーズンはロッキーが2つのリーグMVP（most valuable player:
>　　　　　最高殊勲選手）賞を獲得するのを見た。
>　　　　→3シーズンで、ロッキーはリーグMVPに2回選ばれた。

The twentieth century saw many social changes.

月日が主語　＋　他動詞

直訳：20世紀は多くの社会的変化を見た。
　　→ 20世紀に、多くの社会的変化が起こった。

「3シーズン」や「20世紀」という月日が、何かが起こるのを「見た」という表現です。月日が擬人化され、事件を目撃しているかのようです。私たちにはとても変に聞こえますが、このような英語表現は珍しいものではありません。

書くという行為は頭の中に渦巻いているいろいろな考えを整理し、文字として具体化し、紙や他の媒体に固定化することです。ですので、考え方や発想が文章に影響を与えます。日本語とは明らかに異なる英語的な発想の特徴を知ると、英語を書くときに役に立ちます。モノを主体にすることは英語的発想の一例です。

2　人の主語から、モノの主語へ

　日本人が英語を書くときには、内容を日本語でまとめるので、英語的な発想がなかなかできません。特に、人間が話題の中心になっているときは日本語が影響して、「モノが何かに働きかける」という無生物主語の構文が思いつきにくくなります。次の例文で考えてみましょう。

> 会議に<u>彼女が欠席した</u>ので、<u>同僚は心配した</u>。
> 　　　　人が主語　　　　　　　　人が主語

　日本語の発想のまま人を主語にすると、次のような英文が書けます。主語と動詞の組み合わせが2つあります。

> Because <u>she</u> was absent from the meeting, <u>her colleagues</u>
> 　　　　人が主語　　　　　　　　　　　　　　　　　　人が主語
> were worried. （11語）

　では、モノが主体の文にするにはどうしたらよいでしょうか。同僚の心配の原因は「彼女が欠席した（she was absent）」ことです。これを「彼女の欠席（her absence）」が同僚に何らかの影響を与えたという文に変えると、モノが主体になります。「彼女の欠席は同僚を心配させた」わけです。

> **Her absence** from the meeting **worried** her
> モノが主語〈原因〉　　　　　　　　　他動詞〈結果〉
> colleagues. （8語）
> 直訳：彼女の欠席は同僚を心配させた。

　人が主語の文に比べると、ずいぶん短くなりました。S＋Vの組み合わせも1つだけの単文です。

　もうひとつ、例を見てみましょう。

> 上司が親切にアドバイスしてくれたので、続ける勇気がわいた。
> 　人が主語　　　　　　　　　　　　　　　　　　　　（隠れた主語は私）

　人が主語の文は簡単ですね。言葉をかけてくれたのは「上司」です。「続ける勇気がわいた」のは「私」です。「アドバイスしてくれたので」は理由を述べていますから、becauseを使い英文を書くことができます。

Because my boss gave me kind advice, I was encouraged to keep going. （13語）
　　　　　人が主語　　　　　　　　　　　　　人が主語

「上司が親切にアドバイスしてくれた（my boss gave me kind advice）」の部分を「上司の親切なアドバイス（my boss's kind advice、またはsを取った簡略形でmy boss' kind advice）」という名詞の形に変えて、モノが主体の英文にしてみます。

> **My boss's kind advice encouraged me to keep going.** （9語）
> 　　　　　　モノが主語
> 直訳：上司の親切なアドバイスが、私に続ける勇気を与えた。

　日本人とは異なる発想に基づく無生物主語構文は、**主語に置かれたモノが原因を表し、何らかの結果をもたらしたというcause and effectの関係性を明白に示します**。また、因果関係がはっきりするばかりでなく、文が短くなります。明確さと簡潔性はまさにclearな文の要件です。このような、人からモノへの主語の転換は、「英語にはこんな言い方がある」と意識すればだんだんできるようになります。

3 ここで使おう、モノの主語

「発想の違いはわかった。でも、なかなかこんな英文は書けない」と思われるかもしれません。もしそうならば、モノの主語は一点豪華主義で、ここぞというときに使ってみてください。モノが主語の文は、「原因」、「理由」、「条件」、「手段」を表す文の場合に、より使いやすいのです。この場合、日本語では、「～すると」、「～なので」、「～したら」、「～により」といった表現がよく使われます。日本語を読むとwhen、if、becauseがすぐに頭に浮かび、複文の英語ができあがります。モノを主体にすると、when、if、becauseを使わない単文になります。

いくつかのパターンを紹介しましょう。英語的発想に基づく無生物主語構文は、典型的なパターンの文を覚え、機会あるごとに使ってみることが大切です。**すぐれた英語の文章を読んでいるときに、これはおもしろい、役に立つと思われる表現を見つけたら書き留めて、真似して使ってみてください。ライティング力の向上に役立ちます。**

では、原因や手段を主体にする典型的な【無生物主語＋他動詞】のパターンを2つ紹介します。

【原因・理由＋cause】「～ので…する(した)」の英文

【原因・理由＋cause】の文は、因果関係を単文でダイレクトに示す無生物主語構文のパターンです。動詞はcause「引き起こす」のほかにlead to、bring aboutなどが使えます。

食べ過ぎると、体重が増えます。

If <u>you</u> overeat, <u>you</u> will gain weight.
　　人が主語　　　人が主語

もちろん、これでもOKです。でももう少し英語らしく、短くて直接的な言い方をしたければ、モノを主体にした文が書けないかどうか考えてみます。この場合の発想転換のポイントは、原因である「食べ過ぎ」を主語にすることです。「食べ過ぎる（overeat）」を動名詞overeatingにすると、主語として使うことができます。

> **Overeating causes** weight gain.
> モノが主語

　日本語でも、因果関係を明確に示したいときは「食べ過ぎは体重増加を引き起こします」と書けばよいわけです。このように、原因と結果を直接的に表す言い方はとても英語的です。

例： **Oily food causes acne.** （脂っこい食べ物はニキビの原因になる）
　　 Too much sugar causes cavities. （砂糖の摂り過ぎは虫歯の原因になる）
　　 Smoking causes [leads to] cancer. （喫煙は癌を引き起こす）
　　 Dry weather causes [leads to] crop failure. （旱魃は穀物の不作を引き起こす）

【手段・道具＋allow】「～で（を使うと）…できる」の英文

> 携帯電話を使うと、オフィスの外で仕事をすることができます。

If you use a cell phone, you can work outside your office.
　人が主語　　　　　　　　人が主語

　今度は「ある手段により、（人が）～できる」というパターンの文です。人の主語youの代わりに、手段・道具であるa cell phone（携帯電話）を主語にすると、無生物主語構文ができます。canに含まれる「できる」という可能の意味は、他動詞allow「（人に）～することを許す」で表します。

You can → A cell phone allows you

次の文は「(モノ) が (人) に〜するのを許す」という言い方で、「(人が) 〜できる」という可能の意味を出しています。

> **A cell phone allows you to work outside your office.**
> 　　モノが主語　　　他動詞
>
> 直訳：携帯電話は、あなたがオフィスの外で仕事をすることを許します。

【手段・道具 + allow】のパターンは、実務文では特に頻繁に使われています。allow の代わりに enable や permit などの動詞も使えます。

電子辞書を使うと、単語を簡単に調べることができます。

When you use an electronic dictionary, you can look up words easily.

↓

An electronic dictionary allows [enables] you to look up words easily.

エアコンを使うと、夏でも快適に眠ることができます。

When you use an air conditioner, you can sleep comfortably in the summer.

↓

An air conditioner allows [enables] you to sleep comfortably in the summer.

これまで見てきたように、モノが主体の無生物主語構文は英語的発想に基づいているので、文章がより英語らしくなります。また、簡潔で引き締まった単文が書け、因果関係がはっきりするので、実務の世界では重宝です。日本語からは思いつきにくいモノが主語の文をマスターすることで、表現のバラエティも広がります。文章が単調にならず、文と文の結びつきがスムーズになるよう主語を選択することもできます。モノが主体の文を取り入れるよう意識して、少しずつライティング力を上げていきましょう。

Native Speakerのコメント

モノが主語の丁寧な言い方

　英語には敬語がありません。少しでも英語を勉強した人なら、たいていこのことを知っています。しかし英語に丁寧な言い方がまったくないわけではありません。相手を尊重したいとき、あるいはどこまでくだけた表現をしてよいのかわからないとき、使って損はない言い回しがあります。そのひとつが、"What made you…?"や"What brought you…?"という質問の仕方で、日本語の敬語と少し似ています。このような質問が丁寧なのは、相手を直撃しない言い方だからです。話の焦点をほんの少しだけ相手からずらすことで、「あなたを尊重しています」という気持ちを込めることができます。

　もうひとつ知ってほしい大事なことは、whatを使う丁寧な質問は上下関係にかかわらず使えるということです。あきらかに目上の人が、目下の人に使うこともあります。いくつか丁寧な質問の例を見てみましょう。

〈就職面接での質問〉

What made you apply to our company?
（なぜ当社に応募なさったのですか？）
What made you choose this job as your profession?
（なぜこの仕事を職業に選んだのですか？）
What made you interested in this industry?
（この業界に興味を持った理由は何ですか？）

〈アンケートの質問〉

What made you decide to participate in our seminar?
（当セミナーにご参加を決めた理由は何ですか？）
What made you subscribe to this magazine?
（なぜ当雑誌を講読することにしたのですか？）
What drew your attention to this ad?
（この広告に注目したのはなぜですか？）

　アンケートでの質問は、顧客に対して、あるいは仕事関係で自分より目上の人に対してのものです。就職面接のときと表現は変わりません。丁寧表現が上下関係によらず使えることがわかります。そして目的は同じく、相手を安心させて自分に協力してもらうことなのです。

English You Can Use Today

ビジネスでよく使われるモノの主語

以下に紹介する文は、日本語では主語が省略されていますが、人間が主語であることが読みとれます。しかし、英語で同じことを表現するときは、モノが主体になることがよくあります。

【報告書や手紙】
報告書や手紙では、書いている自分Iや会社を代表するweではなく、報告書や手紙そのものを主語にすることができます。

> 本報告書では、ABC社の社会貢献について説明いたします。
> **This report describes** the social contributions of ABC Co.
>
> 契約条件に重要な変更がありましたので、お知らせいたします。
> **This letter announces** an important change in the terms of our contract.

【実験、分析、測定、調査、観察などの結果報告】
日本語では暗に人が主語になる言い方をする場合でも、英語では実験（experiment）、分析（analysis）、測定（measurement）、調査（investigation）、観察（observation）などを主語にすることができます。

> 当社の分析によれば、この設計では強度が十分でないことが判明しています。
> **Our analysis reveals** that this design is not strong enough.
>
> 我々の観察によれば、地域経済は公共投資に依存しています。
> **Our observation shows** that the local economy depends on public investment.

【図表や章のタイトル】

図（figure）、表（table, chart）、章（chapter, section）などを主語にすることができます。

図2に製品の外観を示します。
Figure 2 shows the appearance of the product.

表1では、利用可能なサービスをリストアップしています。
Table 1 lists all the types of services available.

第3章ではエラー・メッセージについて説明いたします。
Chapter 3 explains error messages.

以下に討議内容をまとめます。
The following summarizes our discussion.

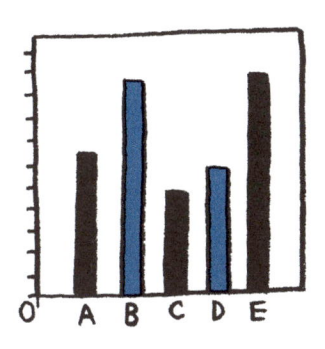

EXERCISES

次の問題を解いてみましょう。

1 空欄に入れる動詞は何がふさわしいでしょうか？

太郎は新品のスポーツカーを買いました。その車のおかげで、太郎は女の子に人気があります。
Taro bought a brand-new sports car. His sports car (　　　　) him popular with girls.

2 日本語の文に続けて、日本語と同じく人を主語にした英文が書いてあります。この英文を、モノが主体の英文に変えてみましょう。

① 雨が降ると、気分が落ち着く。
　　When it rains, I feel calm. （ヒント：rainを主語にする）

② 第1章では、ユニットの設置方法について説明します。
　　In Chapter 1, we describe how to install the unit.
　　（ヒント：Chapter 1を主語にする）

③ どうして笑ったのですか？
　　Why did you laugh? （ヒント：whatを主語にする）

④ この方法を使うと、いつでもウェブサイトを更新できます。
　　When you use this method, you can update your website any time. （ヒント：this methodを主語にする）

解答例

1 Taro bought a brand-new sports car. His sports car (**makes**) him popular with girls.
「スポーツカー（モノ）が太郎を人気者にする」という無生物主語の言い方です。

2 ① Rain makes me feel calm.
ここでは動詞makeを使うのが、モノが主語の文を作るポイントです。

② Chapter 1 describes how to install the unit.
Chapter 1を主語にすると簡潔です。マニュアルではこの表現が多用されます。

③ What made you laugh?
これはWhy did you laugh?よりも丁寧な聞き方です。

④ This method allows you to update your website any time.
「(道具・手段) を (使うと) 〜できる」のパターンの文です。ここでは手段にあたるthis methodを主語にします。このとき、動詞allowを思いつくかどうかがポイントになります。allowに続けて目的語を入れるのを忘れないでください。また次のように、allow以外にpermit、enableも使えます。
This method enables you to update your website any time.
This method permits you to update your website any time.

CHAPTER 3
能動態を使おう
——弱い動詞から強い動詞へ

- どの動詞を選べばよい？ 意味に注目！
- 難しい動詞が良いとは限らない
- 受動態から能動態へ
- 弱い動詞から強い動詞へ

動詞を弱めないで最大限に活かす

　これまで、英文を書くには主語の選択が重要で、主語により文の構造が大きく変わる例を見てきました。主語が決まれば、次のステップは動詞を決めることです。英語では動詞を言い表すのに、よく「強い」とか「弱い」と表現します。この章でも同じ表現を使い、効果的に使われた動詞を「強い動詞」、せっかくの描写力を弱めるように使われた動詞を「弱い動詞」と呼びます。動詞は文の意図を明確に示す決め手です。日本語に比べると、英語では動詞の働きが強いという特徴があります。主語が英語の文の骨格であるとすれば、動詞は文の「筋肉」です。強い動詞を使えば、生き生きとした力強い描写で読み手を動かすことができます。

　次の2つの文を読み比べてみてください。

　　(1) Dave's proposal was given the approbation of everyone.
　　(2) Everyone agreed with Dave's proposal.

　読んですぐに理解できるのは、どちらですか？ 2つとも「Daveの提案に全員が賛成した」という、ほとんど同じ内容を伝えていますが、(2)のほうがわかりやす

く、書くのも簡単です。このわかりやすさは「強い動詞」から生まれています。

弱い動詞：was given the approbation（受け身で難しい名詞を伴っている）
強い動詞：agreed with（能動態でわかりやすい言葉を使っている）

この章では、次のような「強い動詞」を使い、読みやすくインパクトのある文をできるだけ簡単に書く方法を紹介します。

(1) 簡単で具体的（concrete）な動詞
(2) 能動態の動詞
(3) 1語で意味を表す動詞

さあ、動詞を使いこなして、英語の筋肉を鍛えましょう！

英語はアクション志向

　日本語はイメージ志向の言語であるような気がします。言葉を足してイメージを膨らませます。動詞を使うときも同様です。例えば、「たたく」という動詞を使うとき、「どんどんと強くたたく」のように言葉を足すことで描写を細かくします。しかし英語では、動詞そのものに多くの意味が含まれています。例えば、bangというたった1語の動詞で「どんどんと強くたたく」ことが表現できます。tapを使えば「軽く（トントンと）たたく」になります。英語はアクション志向で、動詞が強い働きをするのです。英語の動詞には、何がどんな雰囲気で行われるかを伝える描写力があります。英語圏の人が文章を読む際には、「動き」、つまり動詞から頭の中にイメージを作り上げます。文学作品の場合、作家の意見や感情の機微は動詞の選択により表されます。そのため作家は、慎重に動詞を選択します。私たちの仕事や日常生活の場では、作家のように最適な動詞をひとつひとつ選んでいる時間も余裕もありません。しかし、動詞を大事にすることで、文の意味がより明確になります。強い動詞を使うと、意図がよりはっきりと相手に伝わるのです。

1 どの動詞を選べばよい？ 意味に注目！

　日本語でも英語でも、言葉の多義性に目を向けることがライティング力の上達につながります。次の例を見てみましょう。

　広い意味を持ち、とても便利なので日本語のビジネス文書で頻繁に使われる言葉があります。例えば、「実施する」、「把握する」、「確認する」、「設定する」、「対応する」などはよく使われます。このような日本語の動詞はいろいろな意味で使用されているので、残念ながら、一対一で対応する英語の動詞がありません。そうすると、英文を書くとき、訳語探しが悩みの種になります。適切な英語の動詞はどうすれば見つかるでしょうか？ これには2つの方法があります。

(1) 日本語を具体的で、簡単な言葉に言い換える。
(2) 辞書を引いていろいろ調べる。

　それぞれ具体的に見てみましょう。

日本語を具体的で簡単な言葉に言い換える

　この方法は辞書が手元にないときや、英単語が思いつかないときに有効です。以下、「把握する」、「実施する」、「確認する」、「設定する」、「対応する」に対してどのような英語の動詞を使えばいいのかを考えます。

1 把握する、実施する

> 日本人ユーザーの現状を**把握する**目的で、アンケート調査を**実施します**。

まず知っている単語を書き出してみましょう。

「日本人ユーザー」　→　Japanese users
「アンケート調査」　→　questionnaire survey

| 「目的」 | → | goal / objective / aim / purpose |

ここからが難しくなります。

■ 何をする？　「アンケート調査を**実施する**」

「実施する」の動詞は何がよいでしょうか。これは言い換えれば「行う」、「する」ということなので、誰でも知っている英語の動詞doを使ってみます。

→ do a questionnaire survey

■ 誰を調査する？　「日本人ユーザーの現状」

次に難しいのは「現状」の表現です。しかし簡単に言うと「今の日本人ユーザー」と考えられます。文の内容から現在のユーザーを指しているのは当然ですから、特に「現状」と言わなくても通じます。

→ Japanese users

■ なぜ？　「**把握する目的で**」

「把握する目的で」を簡単に言い換えると、「知るために」とほぼ同じです。「把握する」に対応する英語の動詞を知らなくても、「知る」ならばlearnやstudyが使えます。どちらも中学校で習う単語です。「目的」についてもobjectiveやpurposeを使わなくても、to learn、to studyなどの不定詞で表現できます。

→ to learn about Japanese users / to study Japanese users

これをつなぎ合わせれば文の完成です。

> We will do a questionnaire survey to learn about Japanese users.
>
> We will do a questionnaire survey to study Japanese users.

「実施する」はdoで、「把握する」はlearn、studyで表現しています。どれも親しみのある簡単な言葉ばかりで、しかも意味はぴったりです。

2 確認する、設定する

> お支払いの**確認ができ**たら、配達日を**設定します**。

すぐにわかる単語を書き出してみます。

「お支払い」　→　your payment
「配達日」　→　delivery date

次は動詞を考えます。

「お支払いの確認ができたら」
　これは具体的に言えば、銀行口座を調べ入金確認することです。「支払いを**受けたら**」と考えることができます。

→ receive your payment

「配達日を設定します」
　「配達日を**決めます**」と言い換えます。

→ decide on a delivery date

簡単な単語だけ使って次のような英文が書けました。

> When we receive your payment, we will decide on a delivery date.
>
> We will decide on a delivery date after we receive your payment.

3 対応する

　和英辞典で「対応」を調べると、辞書の1ページ分になることもあります。それだけ、この言葉にはいろいろな意味があるということです。文脈や目的によっ

て「対応する」にふさわしい英単語は異なります。こんなときも、他の日本語に言い換えてみると、適当な動詞が見つかります。できるだけ狭い意味を考えてみるのがコツです。**狭義で具体的な動詞は、広義で抽象的な動詞より「強く」働き、意味を明確に伝えることができます。**

「対応する」がいろいろな意味で使われている例文を見てみます。

団塊の世代の退職に**対応する**

言いたいことは何でしょう。再雇用先を開拓したり、余暇を充実させたりして、社会全体で準備をすることならば、「備える（prepare）」と言い換えることができます。

> 団塊の世代の退職に**備える**
> **prepare for** the retirement of baby boomers

電気安全規格に**対応する**部品を使う

規格に「対応する」ということは、規格に「合う（meet）」ことです。

> 電気安全規格に**合う**部品を使う
> use parts that **meet** electrical safety standards

新モデルに**対応する**部品を使う

「対応する部品」は新モデル用に「作る（make）部品」です。

> 新モデルのために**作られた**部品を使う
> use parts **made for** the new model

こんなふうに日本語を言い換えると、辞書が手元にないときでも、自分が知っている範囲内の単語で英文を書くことができます。

辞書で調べる

　次の方法は、地道な調べものです。辞書を使います。しかし、家の本棚でほこりをかぶっている中学や高校時代に使った薄い辞書ではダメです。また、最近普及している携帯型電子辞書は個々の単語を調べるには便利ですが、用例の数が限られるために適切な使い方を選べないものもあります。本当に役に立つ辞書は、大きくて重く、例文がたくさん載っていて、「このような場合はこのような使い方が適切です」と教えてくれるものです。著者が愛用している辞書やオンライン辞書を51、73、119ページに載せていますので、参考にしてください。その他にも、専門分野別の辞書がいろいろあります。

　辞書を引くのは、初めは手間ひまがかかりますが、頼りになる1冊が机の上にあるとそれだけで安心です。仕事に使う人は2冊揃えて、1冊は職場、もう1冊は家に置けば心強いでしょう。パソコンで文章を書く人なら、CD-ROMの辞書をインストールしておけばなお便利です。辞書に頼らず自分の英語力だけで文章が書ける人は、日本人にも英語のネイティブ・スピーカーにもいません。**辞書は、言葉の秘密を教えてくれる友達です。**

　辞書を駆使する方法で、先ほどと同じ文章に挑戦してみましょう。

> **日本人ユーザーの現状を把握する目的で、アンケート調査を実施します。**

　「**把握する**」に対応する英単語がわからなかったので、先ほどは簡単な言葉だけ使って次のような英語を書きました。

> We will do a questionnaire survey **to learn about** Japanese users.
>
> We will do a questionnaire survey **to study** Japanese users.

　辞書が手元にあれば、知らない単語を調べることができます。「把握」を引くと、似た例文が見つかりました。「状況を把握する：grasp the situation」が載っています。これを使ってみましょう。

> We will do a questionnaire survey **to grasp the situation of** Japanese users.

> お支払いの確認ができたら、配達日を設定します。

先ほどは辞書なしで次のように書きました。

> When we **receive** your payment, we will **decide on** a delivery date.
>
> We will **decide** on a delivery date after we **receive** your payment.

辞書で「確認」を引くと、「情報は確認されていない：the report has not yet been confirmed」という例が載っています。動詞confirmが使えそうです。

「お支払いの**確認ができたら**」 → When we **confirm** your payment,

次は「設定する」を調べます。create、establish、institute、set upが載っています。しかし、残念ながら例文があまりありません。どうしましょう。とりあえず全部当てはめてみます。

> When we confirm your payment, we will **create** a delivery date.
> 〈創造する〉
>
> When we confirm your payment, we will **establish** a delivery date.
> 〈開設、設立する〉
>
> When we confirm your payment, we will **institute** a delivery date.
> 〈設ける〉

When we confirm your payment, we will **set** a delivery date. 〈設定する〉

　各動詞の使い方がよくわからない、または納得いかないときは再度辞書を引いてそれぞれ意味を調べてください。そうやって初めて、一番良さそうな選択肢はset upだとわかってきます。さらに、英英辞書を調べて英語で書かれた定義を読み比べれば、似たような単語の微妙なニュアンスの違いがわかり、とても勉強になります。面倒くさがらずに辞書をたくさん引くと、単語の使い方の違いがはっきりしてきます。

　最後に「対応する」を辞書で引いてみましょう。先ほどは、「対応する」のいろいろな意味について考えました。しかし思いつかないときは、辞書を参考にするしかありません。

システム障害に**対応**する

「対応」を調べると、次のような単語が載っていました。

「対応する」（対処する） → 　tackle, deal with, cope with, respond to, address, handle

　この中で知っている単語がありますか？　自分が知っている単語から順に当てはめてみましょう。例えば、次のどれでもOKです。

> **deal with** system problems
>
> **respond to** system problems
>
> **handle** system problems

　ここで紹介した「辞書で調べる」方法は言うまでもありませんが、「具体的で簡単な言葉を選ぶ」こともまた、動詞の選択に限らず、英文ライティング全般で役に立つ方法です。できるだけ平易な英語を使って英文を書いているうちに、自分のスタイルがだんだんできてきます。英語表現は自由で多彩です。難解な例文パターンをひたすら覚えるより、いろいろ工夫して書くほうが、確実に作文力が

身につきます。そして工夫しているうちに、自分のスタイルが確立し、読む人はそのスタイルに親しみを持ち始めるでしょう。

お勧め辞書

『ランダムハウス英語辞典』小学館
　書籍、CD-ROMでの利用可。

『新和英大辞典』、『新英和大辞典』 研究社
　書籍、CD-ROMでの利用可。有料のオンライン辞書サービスもあります（内容が日々更新されています）。
　http://kod.kenkyusha.co.jp/service/

『ビジネス技術実用英和・和英大辞典』
　海野文男＋海野和子［編］、日外アソシエーツ
　実用的な用語・用例を豊富に集めた辞書。実務分野の英文ライティングに便利。書籍、CD-ROMでの利用可。

英辞郎　アルク
　http://alc.co.jp
　日々更新されている英和・和英データベース（無料）。最新語や専門用語を含む幅広い分野の用語を収録。CD-ROM（書籍『英辞郎』第三版に添付）での利用も可。

Cambridge Advanced Learner's Dictionary
　http://dictionary.cambridge.org
　英語学習者用の英英辞書サイト（無料）。わかりやすい語の定義・用例が特徴。すべての名詞にC（可算名詞）、U（不可算名詞）を表示。

2　難しい動詞が良いとは限らない

　学生時代に受験やテストの準備で、単語リストを丸暗記した経験を持つ人はたくさんいるでしょう。電車で学生さんが参考書を広げ、単語を一生懸命暗記しているのをよく見かけます。実は、丸暗記で覚えた受験英語の中には、とても堅苦しくてふだんはあまり使われない単語が含まれています。とっておきの難しい単語を使ってみたところ、期待したほど通じなかった経験をした人もいると思います。専門的な論文や、学会の発表ならばフォーマルで難解な言い方がふさわしいこともあります。しかしたいていの場合、簡単な動詞こそ強い力を発揮します。先ほどの例文をもう一度見てみましょう。難しい動詞を使って書くとどうなるでしょう？

> 日本人ユーザーの現状を把握する目的でアンケート調査を実施します。

難解な動詞

> The questionnaire survey will be conducted with the objective of ascertaining the current status of Japanese users.

簡単で親しみのある動詞

> We will do a questionnaire survey to learn about Japanese users.

> お支払いの確認ができたら、配達日を設定します。

難解な動詞

> We shall establish the date of delivery upon confirming your payment.

簡単で親しみのある動詞

When we receive your payment, we will decide on a delivery date.

難しい動詞を使うと、書くのが難しいばかりでなく、読んで理解するのも一苦労です。逆に、やさしい動詞が「強い動詞」として使える場面はたくさんあります。いくつか、難しい動詞を簡単な動詞で言い換えられる例を挙げましょう。

	難しい		やさしい
終了する	terminate	→	end
遂行する	accomplish	→	do
実行する	execute	→	do
実施する	implement	→	do
入手する	obtain	→	get
取得する	acquire	→	get
購入する	purchase	→	buy
消費する	consume	→	use
利用する	utilize	→	use
始める	commence	→	start
排除する	eliminate	→	remove
採用する	adopt	→	use、choose （ただし、人を「採用する」ときはhire、employ）

3 受動態から能動態へ

「強い動詞」を使うコツのひとつは、能動態の文を書くことです。英語は基本的に「誰が何をする」という能動態の表現を好む言語です。能動態は英語でactive voice、受動態はpassive voiceといいます。その名のとおり、能動態を使えば文はactiveに、つまり積極的で力強くなります。次の2つの文を読み比べてみると、どちらが簡潔でわかりやすいですか？

能動態　She **opened** the window. 彼女は窓を開けた。

受動態　The window **was opened by** her. 窓は彼女に開けられた。

軍配は能動態にあがります。語数だけ見ても、she opened the windowのほうが短いというメリットがあります。そのうえ能動態ではbe動詞や前置詞byを使う必要がありません。**語数が少ないぶん、日本人にとっては間違いを減らせるという利点もあります。**

〈by＋動作主〉のついた文は能動態に変えよう

受け身の「弱い動詞」を主体的な「強い動詞」に変えると文がダイナミックになります。

> イベントは代々木公園で当社により開催されました。
> 準備はすべての社員によって行われました。

日本語に合わせて受け身の英文を書くと次のようになります。

The event **was held** at Yoyogi Park by our company.
The preparations **were made** by all the employees.

ここでもし、主催者が誰かわからない、もしくは重要でない場合には、受動態を使います。

> **The event was held at Yoyogi Park.** （byに続く主催者が不明）

しかし「当社」が主催した事実を述べたいときは、簡潔に能動態で表現しましょう。

> **Our company** held the event at Yoyogi Park.

「準備はすべての社員によって行われました」の文でも、「準備」より「誰が」行ったかということが大事ですから、「社員」を主語にして能動態の文に書き換えます。

> **All the employees** made the preparations.

makeの代わりに「手伝う（help with）」も使えます。

> All the employees **helped with** the preparations.

〈**by＋動作主**〉が最後についた文を書いたときには、**動作主を主語にして能動態に変えられないか考えてみましょう**。短くて、意味をダイレクトに伝える文に変身します。

4 弱い動詞から強い動詞へ

　日本語で行動・動作を表現する際の特徴として、【(動作を表す) 名詞＋を行う】という言い方が挙げられます。例えば、「調査を行う」、「変更を加える」、「改革を実行する」などがそれにあたります。これを英語にするには2つの方法があります。

	名詞＋動詞	動詞1語
実験を行う	make an experiment	experiment（実験する）
調査を行う	do a survey	survey（調査する）
改革を実行する	carry out a reform	reform（改革する）
追加を行う	make an addition	add（追加する）

　どちらが良いと思いますか？

　実は、上記のような【名詞＋動詞】で意味を持たせるmake、do、carry outなどの動詞は「弱い動詞」です。名詞と組み合わせることで初めて意味が生じる性質の動詞で、make、do、carry outそれ自体には大きな意味がないからです。名詞と組み合わせる代わりに、「強い動詞」を1語だけ使うことで（上記の例ではexperiment、survey、reform、add）、インパクトの強い描写になります。政治家の演説を例に考えてみます。

> 行政改革を断固として実行いたします！

　英語でこの宣言をするとき、「改革を実行する（carry out a reform）」と言うと力強さが半減します。その代わりに、「改革する（reform）」と動詞1語で言い切ると、決意が伝わります。

　弱い：I'm determined to **carry out an administrative reform**!

> 強い：I'm determined to **reform the administration**!

いくつか例を見てみましょう。

この文書に修正を加えなくてはならない。

> 弱い：We have to **make corrections** in this document. (8語)

> 強い：We have to **correct** this document. (6語)

語数が減り、簡略なばかりでなく、動詞correctが文意を強調しています。また前置詞inの使用もないので、前置詞を間違えることもありません。

システム性能の改善が達成できた。

> 弱い：**Improvement** of system performance **has been achieved**.

> 強い：System performance has been **improved**.

規則の改正を行う必要があります。

> 弱い：**A revision** of the rules **must be performed**.

> 強い：The rules **must be revised**.

どの例文も、「強い動詞」を使うことで文が短くなっています。同じ情報が伝えられるならば、語数が少ないほうが、書くのも読むのも楽です。また間違いも減ります。「**強い動詞**」は、**ダイレクトに情報を伝え、生き生きとした英文を書くキー・ポイント**です。

English You Can Use Today

受け身の英語表現

　受動態より能動態が強く訴える例をこれまでに挙げてきました。しかし、なかには受動態が適切な場合があります。簡単な例を挙げてみましょう。

【動作主が不明なとき】

彼のファイルは机から持ち去られた。
His file **was taken** from his desk.

盗難にあった私の自転車がお店の前に乗り捨ててあった。
My stolen bicycle **was abandoned** in front of the shop.

【動作主が重要でないとき】

この建物は6ヵ月前に完成した。
The building **was finished** six months ago.

その大きなクリスマス・ツリーは12月1日に飾りつけされた。
The big Christmas tree **was decorated** on December 1.

【動作主が明白であるとき】

事故にあって、車が壊れた。
I had an accident. My car **was damaged**.

修理したのでまたテレビが使える。
My TV **was fixed** so I can use it again.

【動作を受けた人やモノを強調したいとき】

事故で怪我をしたのはマットです。ジェーンは大丈夫でした。
Matt **was hurt** in the accident, but **Jane was not**.

昨夜ジョーのアパートに強盗が入った。
Joe's apartment **was robbed** last night.

【一般的なお知らせ】

ジャックとメリーの結婚式にご出席ください。
Your attendance **is requested** at the wedding of Jack and Mary.

乗客の皆様はお煙草をお吸いにならないようお願いします。
All passengers **are asked** to refrain from smoking.

【感情を表現するとき】

私たちはそのニュースを聞いてびっくりした。
We **were surprised** at the news.

彼女はエジプト旅行にワクワクしていた。
She **was excited** about her trip to Egypt.

EXERCISES

次の問題を解いてみましょう。

1 次の日本語を英語に直してみましょう。「対応する」の具体的な意味を考えていろいろな動詞を使ってみてください。

PCメーカーの対応は早かった。

---

2 次の日本語を英語に直してみましょう。受動態にしますか？ 能動態の文は思いつきますか？

メッセージは画面に表示**されます**。

---

3 次の英文を「強い動詞」を使って書き直してみましょう。

① 研究所では、データの検証を行う予定です。
   The laboratory plans to perform a verification of data.

---

② 消費電力の大幅な削減が達成されました。
   A large reduction in power consumption has been achieved.

解答例

1 「対応する」が「対処する」の意味の場合、次のように訳せます。
The PC maker made a quick response.
これは名詞＋動詞の組み合わせなので、動詞respond 1語を使いインパクトを強くします。
The PC maker responded quickly.

対応の内容がわかるときは、もっと具体的な動詞を選ぶことができます。
→ 問題を解決してくれた
　The PC maker took care of the problem quickly.
→ 質問に答えてくれた
　The PC maker answered our questions right away.
→ 注文の納期を早めてくれた
　The PC maker delivered our order quickly.

2 【受動態の訳】The message will **be displayed** on the screen.
　動詞を工夫することで能動態の文に変えることができます。
【能動態の訳】The message will **appear** on the screen.
　隠れた主語を探すことによって、別の文も作れます。例えば、このケースでは「PC」が主語であると考えられます。
【能動態の訳】The PC will **display** the message on the screen.
「ユーザー」の立場に立てば能動態の文の主語をusersにすることも可能です。「メッセージが表示される」と、ユーザーは「そのメッセージを見る」ことになります。
【能動態の訳】Users will **see** the message on the screen.

3 ① perform a verificationはverify（検証する）1語で表現すると力強くなります。
　The laboratory plans to **verify** data.
　The laboratory plans to **examine** data.

② achieve a reductionはreduce（削減する）1語で表現すると力強くなります。
　Power consumption has **been reduced** greatly.
　簡単な動詞useを使って次のように表現することもできます。
　Much less power **is used**.
　We **use** much less power than before.

CHAPTER 4

魔法の前置詞
——「前置詞は苦手」からの脱却へ

- 日本語の助詞に惑わされない
- たった1語で意味が変わる前置詞

前置詞は覚えるしかない

　英語の前置詞は、名詞・動詞・形容詞と組み合わせ、関係・状態・位置・動き・方向などを示す使い道の広い単語です。at、on、in、off、of、over、with、byなど短いものばかりですが、慣用的な使い方が多いので、英語学習者には悩みの種でもあります。例えば、「科学への興味」は、interest to scienceではなくinterest in scienceと言います。「なぜinterestに組み合わせる前置詞はtoではなくinなのか」という問いに対し、明確な理由や法則を示すことはできません。「英語ではそう言う」としか説明できないのです。残念ながら、このような組み合わせは覚えるしかありません。

前置詞は調味料のようなもの

　前置詞の使い方は調味料に似ています。例えば、鍋で肉じゃがを作るとき、間違えて塩をひとつまみ加えても食べられます。しかし大さじ2杯の砂糖と塩を間違えると「食えない」ものができあがります。また、塩ひとつまみと間違えて、シナモンをひとつまみ入れると、これまた変な香りがして食べられません。英語でも同じです。前置詞を多少間違えたとしても大丈夫。あなたの伝えたいことは相手に通じます。しかし、あまりに間違いが多いと「読めない」英語になりま

す。また、1語で文全体の意味を変えてしまうような前置詞があります。そんなスパイスのような前置詞の使い方を間違えると意図が伝わりません。

前置詞攻略の方法

　日常的に料理をする人なら、塩・醬油・砂糖といった基本的な調味料の使い方はだいたい覚えていて、レシピなしで料理します。しかし、新しい調味料やスパイスを使うときは、きちんとレシピを見て指示通りに味を加減し、少しずつ料理の腕を磨くものです。同じ方法で前置詞と付き合い、英文ライティング力を上げることができます。基本的な前置詞は慣用的な使い方を覚えて使いこなせるようにする。そして、使い慣れていない前置詞はレシピを見て使う、つまり辞書を引き引き使うのです。この章では、日本人が犯しやすい前置詞のミスを紹介し、効率的に正しい使い方を覚えられるようにします。

　さあ、「前置詞は苦手」からの脱却を図りましょう！

1 日本語の助詞に惑わされない

　日本語の助詞「の」、「に」、「で」に対応する英語として、それぞれof、to、byがよく使われます。実際は、日本語の助詞と英語の前置詞は一対一で対応しないので、常に「の＝of」、「に＝to」、「で＝by」ではありません。そこでここではof、to、byに関連して、よくある間違いを紹介します。正しい使い方を覚えておけば、典型的なミスを減らすことができます。

常に「の＝of」ではない

　日本語では「名詞＋の＋名詞」といった表現が頻繁に登場します（例：「コンピュータの画面」）。助詞「の」は名詞間の多様な関係を示すため、さまざまな英語の前置詞に対応します。しかし、「の」を見ると自動的にofに置き換える人が多いため、日本人の書く英語にはofの多用が目立つと言われます。

　例えば、以下に挙げる「の」はすべてof以外の前置詞を使います。

社長の後任	successor **to** the President
広告の費用	expenses **for** advertising
製品の見積もり	quotation **for** the product
価格の違い	differences **in** price
機械工学の専門知識	expertise **in** mechanical engineering
自動車会社の競争	competition **among** [**between**] automakers
新車の割引	discount **on** new cars
化学の講義	lecture **on** chemistry
数学の本	book **on** mathematics
東大の学生	student **at** the University of Tokyo
午前10時の会議	meeting **at** 10:00 a.m.

　このような例で、「の」をすべてofに置き換えてしまうのが「ofの濫用」です。残念ながら、上記の前置詞の使い方には法則性がありません。そこで、前置

詞の使い方では、次のような作戦をとります。**仕事や専門分野で自分が使う頻度の高い単語は、適切な前置詞との組み合わせをしっかり覚えておく。あとは気になるごとに調べる。**あまり神経質にならずに、ゆっくり慣用的な使い方を身につけてください。

所有・帰属のof

「(その)本の表紙」はthe cover **of** the bookです。このofは正しい使い方で、2つの単語の間に所有、所属、帰属の関係があることを示します。モノが持ち主(帰属先)のとき、「〜の〜」を表現するのに前置詞ofを使います。

 スタジアムの名称 the name **of** the stadium

人間、人の集団、動物が持ち主(帰属先)になるときは、's (アポストロフィ+s)をつけて所有を表します。

 少女の名前   the girl**'s** name
 政府の見解   the government**'s** views
 犬のしっぽ   the dog**'s** tail

無生物のモノに's (アポストロフィ+s)をつけて所有格にしているのを見たことがあると思います。しかし、これは伝統的な英文法では間違いだとされています(Friday's meetingのように「時」に'sをつけるのは例外でOK)。モノ+'sは適切に使うのが難しいので、この形は避けたほうが無難です(Friday's meetingもmeeting on Fridayと書き換えられます)。モノの所有関係を示すときには、(1) ofを使うか、(2)「名詞+名詞」とするか、どちらかの方法がお勧めです。

 本の表紙   (1) the cover of the book
       (2) the book cover
      the book's cover (☹あまりよくない)

 スタジアムの名称 (1) the name of the stadium
       (2) the stadium name
      the stadium's name (☹あまりよくない)

2つの名詞をただ並べて英語にする(2)の方法は、ofの使い過ぎを防ぐことができ、冠詞の使い方を迷うこともありません。語数も少なくなります。特に、「～の～の～」という表現では、そのまま英語にするとofが2回繰り返され読みにくくなります。「名詞をただ並べる」ほうがわかりやすく、すっきりします。

大学の入試委員会のメンバー

a member **of the** entrance exam committee **of the** college

（ofが2つ、冠詞が3つ）

↓

an entrance exam committee member **of the** college

（ofが1つ、冠詞が2つ）

↓

a college entrance exam committee member

（前置詞なし、冠詞1つ）

　ofや冠詞の使い方に自信がないときは、このように名詞をただ並べるだけで十分通じます。間違いの可能性も減ります。特に、技術的な文書では3〜4語をそのまま並べる傾向があります。

コンピュータ・プログラミングの海外への外注

computer programming offshore outsourcing

常に「に＝to」ではない

　助詞「に」は、しばしばtoに置き換えられます。「に」とtoは、「どこへ」という方向を表すときは置き換え可能です。例えば、次のように使います。

裏門に行ってください。

Go **to** the back gate.

この包みを郵便局に持っていってください。

Bring this package **to** the post office.

しかし、「に」が常にtoであるとは限りません。

花瓶は棚に置いてください。
Put the vase **on** the shelf.

はさみは引き出しに入れてください。
Put the scissors **in** the drawer.

　棚に置く場合は、平たい表面の上に置くので、表面と接触することを表すonを使っています。引き出しに入れる場合は、入れ物のように深さのあるものの中に置くのでinを使っています。一般的に、onは平面、inは三次元での位置関係を示します。そしてtoは方向を表します。

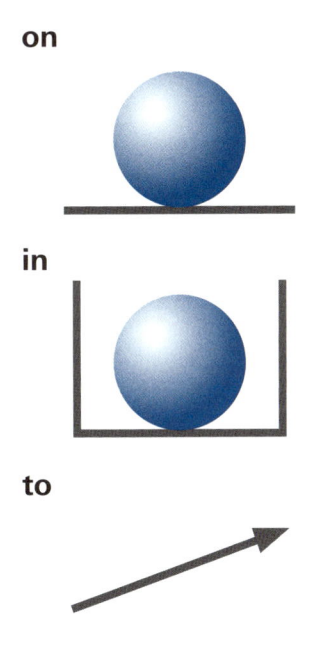

on

in

to

　このように英語の前置詞は、短い単語の中に「接触しているか」、「中に入っているか」、「どこかの方向に向かっているか」などさまざまな状態、動作、位置、広さなどのイメージを持っています。**それぞれの前置詞が持つイメージを理解すると、適切な前置詞を選びやすくなります。**

常に「で＝by」ではない

助詞「で」は手段を表すときによく使います。英語を書くとき、常に手段・道具の「で」をbyに置き換えてしまう人がいます。byに続く〈道具〉が自動的に作用して目的を達成する場合はいいのですが、人が〈道具〉を使う場合は、withがふさわしい前置詞になります。

その計算はコンピュータで行われた。

Those calculations were made **by** a computer.

コンピュータは人間が使う道具ですが、入力をすれば勝手に計算してくれるのでbyを使ってかまいません。(＝ A computer made those calculations.)

金庫はハンマーで開けられた。

☹ **The safe was opened by a hammer.**

ハンマーが自分で勝手に動いて金庫を開けることはありえません。

→ The safe was opened (**by** somebody) **with** a hammer.

(＝ Somebody opened the safe with a hammer.)

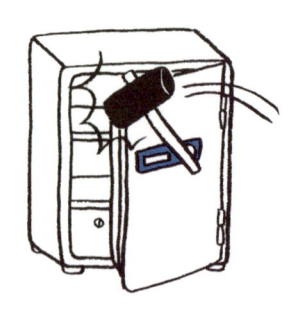

Native Speakerのコメント

ときには開き直りも大事です！

　前置詞は英語ではprepositionと言います。しかし、small wordsと呼ぶほうが多いかもしれません。small words、つまり「小さな単語」ですが、とても大事です。日本人が英語で一番克服できない問題はaとtheの使い方だと思いますが、その次に難しいのが前置詞でしょう。中学の英語のカリキュラムには前置詞の使い方がたくさんあります。しかし優秀な生徒でも、正しい使い方を覚えられなくて、すぐ忘れてしまうことがあります。不思議ですね。これだけ覚えられないことの裏には、きっと言語的な課題がいろいろあるものと想像します。

　前置詞についてはある程度の努力と、ある程度の開き直りが必要だと思っています。主語と動詞を組み合わせた英文の中核的な構造がしっかりしていれば、前置詞の使い方が少々間違っていても十分に通じます。しかし日常的に使う前置詞、つまり中学校の英語の授業で習った基本的表現については、やはり間違えると幼稚な英文の印象を与えてしまいます。日時を表す前置詞は使用頻度が高いので、しっかり暗記して正しく使えるようにしてください。この章のEnglish You Can Use Todayにいくつか例を載せましたので、このページにしおりを挟んで、英語を書くときの参考にしてみてください。

　基本的な前置詞をしっかり覚えて使いこなせたら、ずいぶん楽になると思います。その他の前置詞は、使うたびに辞書で調べましょう。努力次第で、あなたの英文は洗練されたものに変わり、好感度がアップするでしょう！ しかしそれ以上は開き直りをお勧めします。「ここまでがんばった、でも、日本語と英語の違いがあるから完璧は難しい」ということです。

2 たった1語で意味が変わる前置詞

「テニスがうまい」は英語でgood at tennisと言います。これを間違ってgood in tennisと書いてもわかってもらえます。しかし、なかにはたった1語で文の意味を変えてしまう前置詞もあります。

byとuntil［till］

「〜まで」の表現で間違えやすいのが、byとuntil［till］の使い分けです。byは「ある時点を期限として、その時間<u>までに</u>」という意味で、until［till］は「ある時点<u>までずっと</u>」という継続の意味を含んでいます。untilは正式な語で、tillは口語で主に使います。日本人の書く英語では、本当はby（ある時間までに）とすべきなのに、うっかりuntil（ある時間までずっと）を使っていることがあります。

コンビニの店主が朝10時の開店時に、店員に在庫の仕分けを指示するとします。次の2つの言い方で指示の内容が異なります。

(1) Sort the stock **until** noon.

　　正午**まで**在庫の仕分けをしていなさい。

(2) Sort the stock **by** noon.

　　正午**までに**在庫の仕分けをしなさい。

untilで指示されたら、店員は10時から12時までずっと倉庫にいて、仕分けの仕事を続けなければなりません。byで指示されたら、午前中の空いた時間に倉庫に行き、在庫の仕分けを12時までに終えればよいことになります。

inとwithin

未来に関する表現では、inは「（今から）〜後に」を意味します。これが「〜以内に」を表していると誤解している人が多くいます。「（今から）〜以内に」は

withinを使って表します。

(1) Your train will leave **in** ten minutes.

あなたが乗る電車は10分**後に**発車します。

(2) Your train will leave **within** ten minutes.

あなたが乗る電車は10分**以内に**発車します。

電車に乗る友人に「10分以内に発車するから、急いで！」と言うつもりで、"Hurry! Your train will leave in ten minutes." と誤って告げたら、相手は「まだ10分はある」と安心して乗り遅れてしまうかもしれません。

byとto

increase、decrease、rise、fallのような増減を表す動詞とともに、程度を表現するbyやtoを使うときには、慎重に前置詞を選んでください。byとtoで意味が変わってしまうときがあります。次の2文を見てください。

(1) The number of visitors decreased **to two-thirds**.

来場者の数は**3分の2に**減った。

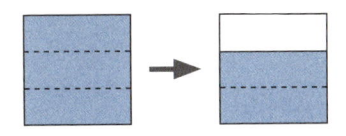

(2) The number of visitors decreased **by two-thirds**.

来場者の数は**3分の2**減った。

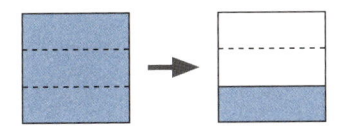

展示会への来場者数を比べているとします。去年は3000人だったのが今年は2000人に減った場合、"decreased to two-thirds"「3分の2に減った」を使います。前置詞はtoです。しかし(2)のようにbyを使うと「〜の分」という意味なので、3分の2に相当する2000人が減った、つまり、今年の来場者数は1000人であったということになります。

統計や売上報告書など数字を扱う文書では、正確さが命です。たった1語の短い前置詞で内容が変わってしまうので要注意です。

文末の前置詞

前置詞が文の最後についていることがあります。このような前置詞は文中のいずれかの単語と組み合わさっています。

この写真を撮ったカメラを見せてください。

Show me the camera (which) you took this picture **with**.

2文に分解すると、withはcameraと組になっていて「カメラで」という手段を表していることがわかります。

→ You took this picture **with** a camera.
　Show me the camera.

泳ぐのによい池があります。

There is a nice pond to swim **in**.

2文に分解すると、inは「池で」という場所を表していることがわかります。

→ There is a nice pond.
　You can swim **in** the pond.

英文を書いているとき、ついこのように文末につけるべき前置詞を忘れてしまうことがあります。忘れても単なるミスとして認識され、実害がないこともありますが、文末の前置詞の違いや有無により文意が変わることもあります。

This is the file I was looking **for**.
これが**探していた**ファイルです。

This is the file I was looking **at**.
これが**見ていた**ファイルです。

Do you have something to write?
なにか**書く**ネタ（題材）はありますか？

Do you have something to write **with**?
なにか**書く**もの（筆記用具）を持っていますか？

Who is Mr. X?
Mr. Xとは**誰**ですか？

Who is Mr. X **with**?
Mr. Xは**誰と**一緒ですか？

お勧め辞書

『新編　英和活用大辞典』研究社
　前置詞の使い方を調べるのに適した辞書。前置詞以外にも、名詞と形容詞、動詞と副詞など相性のよい単語の組み合わせを調べるのに使えます。

English You Can Use Today

日時に関する前置詞

正しい使い方をマスターしましょう。

【at: ある「一点」の短い時間（時刻、一日のある時点）】

at 5:00	5時に
at 7:30 p.m.（= at half past seven）	午後7時半に
at dawn	夜明けに
at noon	正午に
at midnight, **at** night	真夜中に、夜に

【on: 特定の日（曜日、日付）】

on Monday	月曜日に
on April 1	4月1日に
on New Year's Day	元日に
on the afternoon of Aug. 13	8月13日の午後に（通常はin the afternoonですが、特定の日の場合はonになります）

【in: 特定の期間（一日のある時間帯、季節、週、月、年、世紀）】

in the morning, **in** the afternoon	午前中に、午後に
in the evening	夕方に
in the first week of May	5月の第1週に
in summer	夏に
in June	6月に
in 2005	2005年に
in the 20th century	20世紀に

注意すべき使い方

next、last、this、that、one、every、allがつくときは前置詞を入れません。

What happened **last** year?
去年何が起こったの？

I'll see you **next** Friday.
次の金曜日にお会いしましょう。

We have no school **this** week.
今週、学校は休みです。

I remember perfectly what I was doing **that** day.
その日何をしていたか完璧に覚えている。

My mother has tea **every** afternoon.
私の母は毎日午後にお茶を飲む。

Come and see me **any** day you like.
いつでもいいから会いに来て。

次の問題を解いてみましょう。

1 下線部に正しい前置詞を入れてください。何も必要ない場合は、×を書いてください。

I get up _____ 8:00 _____ every morning. I go _____ the kitchen to get a cup _____ coffee, then get dressed and leave the house. Today is May 2, and I forgot that my bus pass expired _____ May 1. I forgot my wallet which was _____ the shelf, so I had no money. Needless to say, I had to come back _____ home and I was late _____ work.

2 アポストロフィ('s)を使わずに次の言葉を英語で表現してください。

大学の門 　_____

春の花 　_____

このプロジェクトの終わり 　_____

パソコンのケーブルの接続 　_____

3 空欄の中に入る前置詞は何でしょうか。

電話がかかってくるかもしれないので、10時までいてください。
I'm expecting a telephone call, so please stay (　　　) 10:00.

4 英語にしてみましょう。

コンサートは8時に始まります。7時50分までにご着席ください。

_____

解答例

1 I get up **at** 8:00 _×_ every morning. I go **to** the kitchen to get a cup **of** coffee, then get dressed and leave the house. Today is May 2, and I forgot that my bus pass expired **on** May 1. I forgot my wallet which was **on** the shelf, so I had no money. Needless to say, I had to come back _×_ home and I was late **for** work.

〈日本語訳〉

　私は毎朝8時に起きます。コーヒーを1杯飲むために台所へ行き、それから着替えて家を出ます。今日は5月2日ですが、バスの定期券が5月1日に切れていたことを忘れていました。棚に財布を置き忘れたのでお金もありませんでした。言うまでもなく、家に戻らなければならなかったので、会社には遅刻しました。

2
大学の門	college gate
春の花	spring flowers, flowers of spring
このプロジェクトの終わり	the end of this project
パソコンのケーブルの接続	PC cable connection (the connection of the cable of the personal computerより読みやすいので、単語を並べるだけでかまいません)

3 I'm expecting a telephone call, so please stay (**until**) 10:00.
untilは「10時までずっと」を意味します。

4 The concert starts at 8:00, so please be seated **by** 7:50.
be seatedは「着席してください」でよく使われる表現です。
7時50分より前の時間は、ロビーにいてもかまわないのでbyを使います。

CHAPTER 5

順番を考えて書く
――どっちが先でどっちがあと？

- 副詞の位置
- 形容詞の位置

語順の自由な日本語 vs. 語順の厳しい英語

　日本語と英語の違いのひとつとして、語順が挙げられます。日本語は語順がとても自由な言語です。1つの文の中で、単語をあちこちに移動することができます。例えば、「インディアンはその狼を『戦士』と呼んだ」という文は、さまざまに変化させることができます。「その狼をインディアンは『戦士』と呼んだ」とも言えるし、「『戦士』とインディアンはその狼を呼んだ」とも言えます。他方、**英語は語順により意味が決まります**。言い換えると、英語は言葉を並べる順番で意味を変化させる言語です。

　例えば、上記の日本文を英語に直すと、"Indians called the wolf *Warrior*."になります。試しに文中のwarriorとwolfの順番をひっくり返すと、意味はまったく異なるものになります。

> Indians called the <u>wolf</u> *Warrior*.
> インディアンはその<u>狼</u>を『戦士』と呼んだ。

> Indians called the <u>warrior</u> *Wolf*.
> インディアンはその<u>戦士</u>を『狼』と呼んだ。

　英語は、このように〈主語＋動詞（＋目的語）〉を基本とし、厳しい語順の決

まりを守ることで意味を伝えます。その意味で、英語学習の基本は、正しい語順を覚えることです。

語順の比較的自由な副詞と他の修飾語句

　語順の厳しい英語で、比較的位置取りが自由なのが副詞とその他の修飾語句です。例えば上記の文に「その部族では（in that tribe）」を足すとき、場所はかなり柔軟に選ぶことができます。

> **In that tribe**, Indians called the wolf *Warrior*.
> Indians **in that tribe** called the wolf *Warrior*.
> Indians called the wolf *Warrior* **in that tribe**.

　このように位置が比較的自由だと、今度は「どこに置くのが最適か」という疑問が生じます。この章では、間違えやすい副詞や形容詞の使い方、特に適切な位置について取り上げます。

1　副詞の位置

　語順が大切な英語の世界において、最も自由なのが副詞です。副詞は動詞を飾る言葉で、文のいろいろな場所に置くことができます。

その男は**静かに**ドアを閉じた。

> The man shut the door **quietly**. （文末）
>
> The man **quietly** shut the door. （文中）
>
> **Quietly**, the man shut the door. （文頭）

　文頭にquietlyを置くと、「静かに」の意味が特に強調されます。このように、比較的柔軟な位置取りができるだけに、副詞を使うときは「どこに置けばよいか」という迷いが生じます。また副詞の中にも語順が重要で、置き場所によって文全体の意味が変わってしまうものもあります。

副詞と動詞は仲良し

　短い文で副詞の位置を迷うことはあまりありません。しかし、複雑で長い文では迷いが生じます。副詞を使うときの経験則（rule of thumb）は、「**副詞は修飾する動詞のできるだけそばに置く**」ということです。副詞は動詞に意味を足すので、動詞から遠く離れるほど機能しにくくなります。離れた場所に置くと、自分の意図とは異なる意味になってしまう場合もあります。

　次の例では、1つの文に2つの動詞（walkedとcrowded）が使われています。

私は日曜日の買い物客で混雑した通りをゆっくりと**歩いた。**

I **walked** down the street **crowded** with Sunday shoppers **slowly**.

修飾しているように見える

80　CHAPTER 5

書いた本人は、自分が「ゆっくりと歩いた」と言うつもりだったのでしょう。しかし、slowlyはwalkedよりもcrowdedに近く置かれているので、読む人はcrowded slowly（しだいに混雑する）だと思う可能性があります。walkedの前にslowlyを置くと修飾関係がはっきりします。

> I **slowly walked** down the street crowded with Sunday shoppers.

このように、副詞は修飾する動詞の近くに置くと誤解を減らすことができます。

なお、副詞を〈動詞＋目的語〉の間に置くことは、基本的にできません。動詞と目的語の結びつきは、動詞と副詞の結びつきよりも強いので、両者の仲を裂くような副詞の使い方はできません。

> 私はこの事実を**完全に**把握している。

☹ I **know perfectly** this fact.　（文法的に間違い）
　　動詞　　　　　　　目的語

動詞knowとその目的語this factの間にperfectlyを置くことはできません。短い文では、文末に置くのが基本の位置です。

> → I **know** this fact **perfectly**.

> 石鹸と水で手を**よく**洗いなさい。

☹ **Wash well** your hands with soap and water.
　　動詞　　　目的語　　　　　　　　　　　　（文法的に間違い）

動詞washとその目的語your handsの間にwellを置くことはできません。文末に置くことは可能ですが、動詞washから離れてしまいます。

☹ **Wash** your hands with soap and water **well.**（あまりよくない）

この場合は文中が最適です。

→ **Wash** your hands **well** with soap and water.

ただし、文が長くて複雑な場合には、動詞と目的語の間に副詞を置くことがあります。次の例では副詞句「ステップごと = step by step」の位置が問題になります。

本章では、労働者のために安全な職場を作る方法をステップごとに説明します。

This chapter **describes** how to **create** a safe office for workers **step by step**. 修飾しているように見える

ここでは動詞が2つ使われているので（describesとcreate）、step by stepを文末に置くと誤解が生じます。step by stepの近くにある動詞はcreateなので、上記の文は「安全な職場をステップごとに作る」と読めます。動詞describesの近くにstep by stepを移す工夫が必要です。describes how to... は動詞「説明する」とその目的語の関係になっていますが、この場合は他に適当な場所がないのでstep by stepを両者の間に割り込ませます。

This chapter **describes step by step** how to **create** a safe office for workers.

時と場所を表す副詞

英文法の参考書には、時と場所を表す副詞を両方使うときは〈場所＋時〉の順番に並べると書いてあります。しかし実際には、文脈や書き手が強調したい内容に応じて、順番を変えてかまいません。

基本の順序〈場所＋時〉

ハロルド・ピンターは1930年にロンドンで生まれた。

Harold Pinter was born in London in 1930.
                              場所   時

ジョンは昨日の午後5時、事務所にいた。

John was in his office at 5:00 P.M. yesterday.
           場所   時

異なる順序

ウィリアム・ショックレーは1947年、ニュージャージーのベル研究所でトランジスタを発明した。

William Shockley invented the transistor in 1947 at Bell Laboratories in New Jersey.
                                              時
場所

この例ではat Bell Laboratories in New Jerseyがin 1947より長いので、順序を逆にして文のバランスを良くしています。in 1947を文頭に置いてもかまいません。

In 1947, William Shockley invented the transistor at Bell Laboratories in New Jersey.

　場所や時の副詞をどこに置こうかと迷ったら、修飾する動詞とのつながりに注目します。先ほど説明したように、副詞（句）は、つながりの深い動詞の近くに置くと、文意が明解になります。
　次は、不用意な副詞の位置取りにより、事実と異なる内容を伝える文になってしまう例です。

> ショックレーは1956年、トランジスタの発明によりノーベル賞を受賞した。

Shockley **won** a Nobel Prize for **inventing** the transistor **in 1956**.

修飾しているように見える

　in 1956の最も近くにある動詞はwonではなくinventingなので、「1956年にトランジスタを発明した」という意味に誤解されます。発明は1947年で、受賞は1956年です。in 1956を、修飾する動詞wonの近くに移すと誤解はなくなります。

> Shockley **won** a Nobel Prize **in 1956** for inventing the transistor.

　副詞に代表される修飾語句を使うときは、読者が自分の意図と異なる解釈をしないかどうか、注意深く修飾関係を見直す必要があります。「自分ではそのつもり」で書いている文章では、上記のような間違いは発見しづらいものです。時間に余裕があるときには、英文を書いてからしばらく時間を置き、フレッシュな頭で客観的に自分の文章を見直すことをお勧めします。時間がたち気分が変わると、誤解を生みやすい表現や間違いを見つけやすくなります。

位置により意味が変わる only と just

「よく使って、よく間違う」副詞が only と just です。文中のだいたいどこにでも置ける副詞ですが、場所によって文全体の意味が変わります。言い換えると、only と just は語順が重要な副詞です。

just

just は文中の位置により、「ただ（only）」、「たった今（right now）」、「ちょうど、まさに（exactly）」などと意味が変わるので要注意です。

それでは、基本の文です。

> ポーカーのゲームで100ドル損した。
>
> I lost 100 dollars in the poker game.

上記の文に just を入れてみましょう。場所により意味がどのように変化するかに、注目してください。

> I lost **just** 100 dollars in the poker game.
> → ポーカーで100ドル**だけ**損した。（たいしたことないでしょ）
>
> I lost 100 dollars in **just** the poker game.
> → ポーカー**だけ**で100ドル損した。（別の賭けでも損をした）
>
> I've **just** lost 100 dollars in the poker game.
> → **ついさっき**、ポーカーで100ドル損した。（今まだショックが大きい！）

続けてこんな風に言えます。

> That's **just** what I tried to avoid.
> **まさに**避けようとしていたことなのに。

only

onlyも置く場所によって文全体の意味が変わるので、要注意の副詞です。できるだけ修飾する語の近くに置くのが正しく使うコツです。では、基本の文です。

彼らは土曜の夜ダンスに出かける。

They go out dancing on Saturday nights.

上記の文にonlyを入れたとき、場所により意味はどのように変化するでしょうか。

Only they go out dancing on Saturday nights.
→ 土曜の夜、ダンスに出かけるのは**彼らだけ**です。

They go out dancing on **Saturday nights only**.

または

They go out dancing **only on Saturday nights**.
→ 彼らは、**土曜の夜だけ**ダンスに行く。

They **only** go out dancing on Saturday nights.
→ 土曜の夜、彼らは**ダンスにだけ**出かける。

（onlyがこの位置にあるときは、複数の意味に解釈できます。詳しくは、p.93、Exercises No.3の解答例を参照してください）

例をもうひとつ。

You are **only the girl** I love.
→ 君はただ私の好きな女性というだけだ。（もっと大切な人がたくさんいる）

You are **the only girl** I love.
→ 君だけが私の好きな女性だ。（ほかに好きな女性はいない）

絶対に間違いたくないonlyの使い方ですね。

Native Speakerのコメント

English you SHOULDN'T use today— or any day!〈使わないでほしい英語〉

　ここで、言葉選びについてひと言いわせてください。ときどき、フォーマルな書類の中に、いきなり口語的な言葉が出てきてびっくりすることがあります。多くは副詞や形容詞です。「どんな英語？」と思う人は、日本の高校生の言葉遣いを考えてください。英語圏の国に留学した高校生を例に考えてみると、帰国時には話す力がつき、英語も書けるようになっています。しかし、話すにしても書くにしても、多くの場合、身につけたのは高校生の英語です。学校を卒業し会社に就職し、若者言葉のまま取引相手に対応したらどうなりますか。「でかい注文サンキュー、マジ嬉しかった」なんて、ビジネスでは考えられません。しかし、たまにこんな表現の英語を使う大人がいます。若い頃覚えたスラングをそうと知らずに使っているためです。印象が悪いのでぜひ止めてほしいものです。

　最初に、控えめに使いたい表現をいくつか挙げます。

- very, really, kind of, sort of, pretty good, pretty much
- a bit (→slightly, some), lots of (→many, much)：括弧内の言葉に書き換えればOK

　このような言葉は、親しい相手との文通（Eメールなど）では問題ありません。しかし、正式な文書やレポートでは使わないほうが無難です。使ってはいけないのは、話し言葉そのままの単語です。

sorta (= sort of), kinda (= kind of), gonna (→ going to), wanna (→ want to), guy (→ man), kids (→ children)

　また、cool、awesomeなどを「素晴らしい」という強調表現として使うと子供っぽく聞こえるので、注意しましょう。

　そして何と言っても、アメリカの映画やテレビ番組で覚えた「汚い言葉」（4文字の単語が多いのでfour-letter wordsと呼ばれます）は絶対に使わないでください。汚い言葉を頻繁に使う人のことを"He/She uses colorful language."と言うことがあります。直訳すると「彩り豊かな言語を使っている」ですが、実際は「言葉遣いが汚い」の婉曲表現です。こんなことは言われないようにしてください。あなたの信頼性や品位にかかわる問題です。

2 形容詞の位置

形容詞は名詞を描写する働きをします。一般的に形容詞は名詞の前に置きます。

red dress　赤いドレス

expensive new book　高価な新しい本

broken Japanese clay pot　壊れた日本製の土器

面倒なことに、形容詞には並べる順番に一定のルールがあります。順番を間違えても意味は通じますが、参考までに下表に記載します。英語を使っていると、じきに慣れてきて、ある程度自然に並べられるようになります。とても覚えられないと思ったら、「評価や意見を表す主観的な形容詞は最初に置く」といったポイントをひとつずつ押さえていきましょう。

先 ──────────────────────────→ 後

評価・意見	外観 (サイズ)	形	状態	年	色・柄	起源 (国など)	材質
good urgent important exciting	large small tall tiny	oblong triangular square round	dirty clean broken messy	old young new recent	yellow green dotted flowered	German European Japanese American	wooden metallic concrete stone

数を表す数詞をつけるときには、上の表にあるどの形容詞よりも前に置きます。

three gorgeous diamond rings　3個の豪華なダイヤの指輪

five tall Dutch gentlemen　5人の背の高いオランダの紳士

形容詞を増やす場合、経験則では3つまでが適切です。4つ以上並べると、多

すぎて読者の理解力を超えてしまう恐れがあります。

☹ **good-looking tall young Dutch** gentlemen
ハンサムで背の高い若いオランダの紳士
→ 形容詞が多すぎます。

形容詞は普通、名詞の前につけますが、例外的に、1語でも名詞の後に置くことのできる形容詞があります。語尾が–ableや–ibleで終わる形容詞です。

最も簡単な方法を使いなさい。

Use the easiest method **possible**.

手に入る材料を使いなさい。

Use materials **available**.

English You Can Use Today

順序の決まっている言葉

　日本語同様、英語にも慣習的に順序の決まった言葉の使い方があります。日本語の表現とは順序が反対のこともあります。順序を反対に使うと変に聞こえるので気をつけてください。

出入り　in and out
猫は窓を通って家に出入りした。
The cat walked **in and out** of the house through the window.

行ったり来たり　back and forth
彼は考えながら行ったり来たりした。
He paced **back and forth** as he thought.

上下　up and down
株価は需要と供給の法則に従って上下します。
Stock prices go **up and down** according to the law of supply and demand.
(注:「需要と供給」はsupply and demandの順序で使います)

老若　young and old
老いも若きも、すべての年齢の人がこの映画を気に入るだろう。
People of all ages, **young and old**, will like this movie.

大小　big and small
彼女は大小を問わずどんな動物も好きだ。
She loves all animals, **big and small**.

善し悪し　good or bad
結果の善し悪しにかかわらず、私の決心は変わらない。
Whether the result is **good or bad**, my decision will not change.

賛否　yes or no
この問題には「はい」か「いいえ」の答えが必要だ。
This question should have **"yes or no"** answer.

成否　success and failure
彼女は成功も失敗もたくさん経験している。
She has had many experiences with both **success and failure**.

あちこち　here and there
今日は用事がたくさんあるので、あちこち行って済ませます。
I have many things to do today. I'll be going **here and there** to take care of them.

白黒　black and white
ファッション・ショーのテーマは「白黒の服」でした。
The theme of the fashion show was "Clothes in **Black and White**."
（注：日本語で白黒を「モノトーン」として表現することがあります。しかしmonotoneは「単調」という意味。白黒の色合いならblack and whiteまたはmonochromeで表現します）

EXERCISES

次の問題を解いてみましょう。

1 副詞をどこに入れればよいでしょうか？次の英文中の適切な位置に、typeを修飾する副詞quicklyを入れてください。

① He typed the report.
② She types when she is busy.

2 次の英文に副詞carefullyを入れてください。

You need to consider important matters before you make a decision.

3 下記の意味になるよう、基本の文にonlyを入れてください。

〈基本の文〉They wear casual clothes to work on Fridays.

① 彼らは金曜日、職場で**カジュアルな服しか**着ません。
② 彼らは**金曜日だけ**、職場でカジュアルな服を着ます。
③ **彼らだけが**、金曜日に職場でカジュアルな服を着ます。

4 形容詞を適切な順序で並べ変えてください。

① I have used this (American, old, dirty) computer for many years.

② The city is full of (brand-new, concrete, clean) buildings.

解答例

1 ① He typed the report **quickly**.
He **quickly** typed the report.
Quickly, he typed the report.（特にQuicklyを強調する文です）
彼は報告書を素早くタイプした。
② She types **quickly** when she is busy.
彼女は忙しいときには速くタイプする。

2 You need to **carefully** consider important matters before you make a decision.
You need to consider important matters **carefully** before you make a decision.
決定を下す前に重要事項を注意深く検討する必要があります。

3 ① 彼らは金曜日、職場で**カジュアルな服しか**着ません。
They wear **only** casual clothes to work on Fridays.
② 彼らは**金曜日だけ**、職場でカジュアルな服を着ます。
They wear casual clothes to work **only** on Fridays.
They wear casual clothes to work on Fridays **only**.
③ **彼らだけが**、金曜日に職場でカジュアルな服を着ます。
Only they wear casual clothes to work on Fridays.

ちなみに、They **only** wear casual clothes to work on Friday. という文は、次で示すように複数の意味に解釈できます。違いは文面だけではわかりません。会話で使う場合には、強調したい言葉に強勢をつけて意味をはっきりさせます。
　(1) 彼らは金曜日、職場でカジュアルな服を**着るだけ**です。
　(2) 彼らは金曜日、職場で**カジュアルな服しか**着ません。
　(3) 彼らは**金曜日だけ**、職場でカジュアルな服を着ます。

4 ① I have used this **dirty old American** computer for many years.
私はこの汚くて古いアメリカ製のコンピュータをもう何年も使っています。
② The city is full of **clean brand-new concrete** buildings.
街は、きれいで新しいコンクリートのビルでいっぱいです。

CHAPTER 6

日本語の影響から自由に!
――「ある」から「する」へ

- 常に「ある」＝ there is/areではない！
- there is/are 構文を使わず簡潔に
- 英語にする必要のない語尾「なる」
- 時制にかかわる語尾

良い英語を書くには、日本語に対する正しい認識が大切

　最近では、インターネットの普及により、日本人が英語で情報発信することが多くなりました。ネット上の英語を読んでいると、「これは日本人の書いた英文だ」と即座にわかることがあります。英文を読んでいて、元になった日本語が一字一句頭に浮かんでくるのです。構文や表現方法が、日本語そのままになっているためです。

　英語を勉強するときは、ある表現や考え方が日本語に特徴的なものであると自覚することが大切です。自覚があると、日本語の影響に縛られずに、効率よく英語らしい英語を身につけることができます。この章では次の2つのポイントに焦点をあてます。

（1）日本語に特有の語尾が英語に与える影響

　「ですます調」、「である調」という書き方があることからわかるように、日本

語には決まった語尾で終わる文が多い、という特徴があります。このような語尾が日本人の英語に影響を与えます。例えば、日本語の語尾を機械的に「ある＝ there is/are」、「なる＝ become」と置き換えると、不自然な英語になることがあります。

（2）語尾にまつわる時制の問題

　英語は数多くの時制をもつ言語です。この章では、語尾と時制に関してよく受ける疑問を取り上げます。

　日本語が自分の発想に与える影響を認識しておくと、英文ライティングの「傾向と対策」の戦略が立てやすくなります。さらに、日本語と異なる英語的な考え方に気がつくと、英語の学習が楽しくなってきます。母国語の影響から自由になり、より自然な英語を目指しましょう。

1 常に「ある」= there is/areではない！

日本人の書く英文にはthere is/are構文が頻出します。この一因は、日本語には語尾が「ある」で終わる文が多いためです。中学校の英語の授業で、私たちは「～がある = there is/are」と習います。そのため、この語尾で終わる文を見ると、反射的にthere is/areで文を書き始めてしまいがちなのです。たしかに、次の例で示すように、there is/areは物の存在を表現するのには最適です。

There is milk in the refrigerator.
冷蔵庫に牛乳が<u>あります</u>。
　　　　　　　（=「存在」します）

けれども、「～がある」という文は必ずしも何かが存在することを示すわけではありません。「ある」で終わる文を、**「誰かが何かをする」**で表現すると自然な英語になるケースはよくあります。

自分の予定を説明することを考えてみましょう。日本語では「今日の午後、ひまな<u>時間がある</u>」と言います。英語では、人間を主体にして「私はひまな<u>時間を持つ</u>」と表現するのが自然です。

I have free time this afternoon.
今日の午後、（私は）ひまな時間があります。

「ある」を there is に置き換えて書くと、ニュアンスが少し異なります。

There is free time this afternoon.
今日の午後、自由時間があります。

There is 構文は、客観的な事実を述べます。旅行パンフレットで「（午前中に史跡見学をしたあと）午後は自由行動です」と言いたいときには、**There is** free time in the afternoon. を使うことができます。しかし、there is構文では主体が不明瞭です。たかが旅程表と言えども、当事者に対して**You have** free

96　CHAPTER 6

time in the afternoon. と呼びかけたほうが、積極的な表現になります。

　日本語の「ある」は、多くの場合、「誰かが何かをする」という英文で表現できます。**主体を明確にし、アクションを描写すると英語らしくなります。**

　いくつか表現を列挙するので、発想転換のコツをつかんでください。以下の例では日本語に主語がありません。なくても理解できますが、英語にするときは「誰が？」を考えることがポイントです。

〈「ある」の日本語〉	〈「誰が何をする」の英語〉 （主語はすべて I にしています）
時間がある	I have time.
お金がある	I have money.
髪を触るクセがある	I have a habit of touching my hair.
週末に予定がある	I have plans for this weekend.
次の金曜日に上司との面談がある	I'll have an interview with my boss this coming Friday.
週末にTOEICの試験がある	I'll have a TOEIC test this weekend.

2 there is/are構文を使わず簡潔に

　自分に関わる描写以外でも、「ある」や「いる」をthere is/areではなく、「誰が何をする」という表現に変えると、英語らしい簡潔な文が書けます。自分が書こうとしている文、あるいは書いてしまった文を、下記のように並べ替えてみてください。アクション志向の英語らしい文に変身します。

> 在宅ビジネスを行うことを選ぶ人がたくさん**いる**。

There are many people who choose to do business at home.

Many peopleを主語にすれば、関係代名詞whoは必要ありません。

> **Many people choose** to do business at home.

> このキーボードには12個のファンクション・キーが**あります**。

There are twelve function keys on this keyboard.

「キーボードが12個のファンクション・キーを持つ」と言い換えられます。

> **This keyboard has** twelve function keys.

> この地域では、若者に就職の機会がほとんど**ない**。

There are few job opportunities for young people in this region.

「若者」に焦点をあて、young people を主語にできます。

Young people have few job opportunities in this region.

この電池には、発火の恐れが**ある**。

There is fear that this battery will catch fire.

「恐れがある」を辞書で引くと there is fear が載っています。しかし主語を「電池」にすれば、より短い文で同じ情報を伝えることができます。「恐れがある」は may（かもしれない）1語で十分表現できます。

This battery may catch fire.

わが社では、セキュリティの問題を解消する必要が**ある**。

☹ **There is a necessity** for our company to solve security issues.

主体である「わが社」を主語にすると、直接的かつ簡潔にメッセージを伝えられます。「必要がある」は must で十分表現できます。

Our company must solve security issues.

ここで挙げた例では、there is/are を使わない文はすべて、語数が減り、行動の主体が明確になっています。**there is/are で始まる文の弱点は、文の冒頭でほとんど具体的な情報が得られないことです。**「〜がある」から「誰が何をする」への頭の切り替えは、簡潔で英語らしい英文を書くポイントです。

3　英語にする必要のない語尾「なる」

「ある」に劣らず頻繁に使われる語尾が「なる」です。最近、「お待ちいただく形になります」、「おつりは500円になります」といった奇妙なバイト敬語も問題になりました。日本語では、言い切りを避けたいとき、言葉を足して丁寧な気持ちを表そうとする傾向があります。このような語尾を、becomeや他の動詞で表現しようと努力しても、不毛な結果しか招きません。

次の文は、就任の挨拶でよく使われる言い方です。

> スローフード協会の会長の役を**お引き受けする**ことに**なりました**。

I have accepted the position of president of the Slow Food Association.

「なりました」と言うと、会長を引き受けたのは自分の意思ではなく、「周りから推されて会長になったのですよ」という気持ちを言外に表現することができます。英訳する際は「なりました」の語尾は省き、「引き受けます」だけを英語にします。言葉を足す場合は、日本的な謙譲の気持ちを表す表現ではなく、より積極的な"I am honored"や"I am pleased"を補います。

> **I am honored to accept** the position of president of the Slow Food Association.

その他の「なりました」を使った挨拶表現です。

> 大阪支店に**転勤する**ことに**なりました**。
> **I have been transferred to the Osaka Office.**

10月1日付で、大阪支店に**転勤する**ことに<u>なりました</u>。

I will be transferring to the Osaka Office as of October 1.

11月に**結婚する**ことに<u>なりました</u>。

We are getting married in November.

　上記の例を見ると、すべて太字表記の「する」が英文の動詞になっていることがわかります。引き受ける = accept、転勤する = transfer、結婚する = get marriedという具合です。

「なりました」以外にも英語にする必要のない日本語の語尾はたくさんあります。語調を整えるだけの言い回しに振り回される必要はありません。**英語を書くときに大切なのは、自分が伝えたいことのエッセンスを抽出することです。**

4 時制にかかわる語尾

　日本語と英語の悩ましい違いのひとつに時制があります。英語は過去・現在・未来をはっきり区別するのに対し、日本語は「時の概念」が漠然としているので、語尾はあまり時制に左右されません。ここでは、語尾の影響で日本人が犯しやすい時制の間違いを紹介します。日本語の影響を自覚しておくと、英語の時制を正しく使えるようになります。

「です」は未来、現在、それとも過去？

　次の文は語尾がすべて「です」になっています。しかし英語にするときは、3つの異なる時制を使わなくてはなりません。「です」以外の現在形の語尾でも同様です。

　　天気予報によれば、明日は雨**です**。
　　→ The weather forecast says it **will** rain tomorrow.（未来）

　　私は夏が好き**です**。
　　→ I **like** summer.（現在）

　　去年の大ヒット作は、「ファイナル・ファンタジー」**です**。
　　→ "Final Fantasy" **was** a big hit last year.（過去）

　この3つの文は、過去・現在・未来の事柄を述べていますが、日本語の語尾はすべて現在形の「です」で、時を示しているのは「明日」、「去年」などの名詞や副詞です。そのため英語にするとき、つい動詞を現在形のまま使ってしまうことが多くなります。英語は時制の概念が非常に厳格なので、自分が伝えようとする出来事が、過去・現在・未来という時間軸のどこに位置するかを考えることが大切です。文中にtomorrow、next month、in the near futureなど未来を表す語句がある場合は、未来形を使います。last year、yesterday、in 1968など過去を示す語句がある場合は、過去形にします。

来週の会議は本社での開催です。
The meeting **next week will** be held at company headquarters. (未来)

グローバリゼーションは**20世紀後半の**トレンドです。
Globalization **became** a trend in **the late 20th century**. (過去)

同じ過去の事象について描写するとき、1つの段落で**過去と現在が混在しない**よう気をつけましょう。次の例を見てください。

> 去年のプロジェクトは失敗でした。
> その最大の原因は商品発売の遅れです。

Last year's project **was** a failure.
☹ The major cause **is** the delay in product release.

日本語が「遅れです」となっているので現在形を使うと、英語では時の混乱が起こります。読み手は、時制が過去から現在に変わったとき、「話題が変わったのかな?」と戸惑うのです。過去の失敗の原因を述べるときは、過去形で統一します。

→ **The major cause was the delay in product release.**

このように、**英語を書くときには、過去・現在・未来を意識することがとても大切**です。

「している」は今だけ、それともいつも?

語尾「している」は、動作が一時的に続いている状態を表現します。このような状態を、英語では〈be動詞+動詞ing形〉の現在進行形で表現します。

マイケルはパンクしたタイヤを**修理している**。
Michael **is fixing** the flat tire. 〈現在進行形〉

ところが、同じ「している」が、現在の一時的な事象だけではなく、長期間継続していることを意味する場合もあるので注意が必要です。

ABC社はタイヤを生産**している**。

ABC Inc. **produces** tires. 〈現在形〉

保守主義者は大統領を**支持している**。

Conservatives **support** the President. 〈現在形〉

上記の例では、ABC社は事業としてタイヤを生産しているわけですから、「生産している」のは恒常的な事実です。また、2つ目の例文の「支持している」も、一時的な動作ではなく、継続している状態です。このような場合、英語の時制は現在進行形でなく現在形を使います。

「している」で時制を迷ったときは、日本語に「ところ」を足してみましょう。「しているところ」に変えておかしくなければ、現在進行形の意味を表しています。「しているところ」にすると日本語が不自然に響く場合は、現在形で英文を書きます。

マイケルはパンクしたタイヤを**修理している**ところだ。
　OK→〈現在進行形〉

Michael **is fixing** the flat tire.

ABC社はタイヤを生産**している**ところだ。
　NG →〈現在形〉

ABC Inc. **produces** tires.

Native Speakerのコメント

敬語の語尾は気にしなくてOK

　日本語を読み書きできる外国人はたくさんいますが、一様に、日本語が丁寧になればなるほど理解しづらくなると言います。「させていただきます」、「でございます」など長い敬語の語尾があると、文字の数に圧倒され、意味がわかりにくくなるのです。しかし、敬語により、主語がなくても、上下関係や立場、身分の違いを明確にすることができます。こんな敬語をどうすれば英語で表現できるでしょうか？ 解決は簡単、敬語の語尾は気にしないことです。

〈丁寧表現〉
ご理解をいただきたく<u>お願い申し上げるしだいでございます</u>。
We appreciate your understanding.

このたびは、シスター社の新型プリンターをお買い上げいただき<u>厚く御礼申し上げます</u>。
Thank you for buying the new SISTER printer.

〈謙譲表現〉
4月1日付のお手紙を<u>拝読いたしました</u>。
We received your letter dated April 1.

<u>誠につまらない品</u>ですが、<u>御賞味いただければ幸いです</u>。
I hope you like this gift. It's one of my favorites.

　英語にはこの例のような「へりくだり表現」はありません。「つまらない品」は直訳ではjunkやinferior giftですが、こんな言葉を使ってはいけません。つまらない物ではなく、自分の好物（favorite）を選んで贈り物にすることが大きな心遣いを示します。
　最近、敬語の誤用で「させていただく」の濫用が指摘されています。本来、許可のいらない状況で「させていただく」を使うのは不適切です。間違っても英語でlet me doなどと表現しないこと！

9月1日より、貴社の窓口担当を<u>させていただきます</u>。
I will be your contact starting September 1.

　もうひとつ覚えてほしいのは、契約書などのフォーマルな文書では、省略形（I'm、I'll、don't、doesn't、isn't、aren't、won'tなど）を使わないことです。I am、I will、do notなどと書きます。

English You Can Use Today

「変化」を意味する「なる」

「なる」が「変化」を意味する場合、日本人の書き手は常に動詞 become で表現する傾向があります。しかし、例えば、「スイッチがONになる」を The switch becomes on. とするのは不自然です。正しい表現は The switch turns on. です。

「(～に) なる」という変化の表現には、becomeのほか、get、turn、beなど単純な動詞をよく使います。日常的な用法なので、十分慣れておくことが大切です。

become

| 彼は医者になった。 | He **became** a doctor. |
| 彼女は恐怖のあまり蒼白になった。 | She **became** pale with fear. |

get

| 寒くなってきた。 | It's **getting** cold. |
| 年をとると言語習得が難しくなる。 | Language learning **gets** more difficult with age. |

turn

スイッチがONになる。	The switch **turns** on.
葉っぱが赤くなる。	Leaves **turn** red.
来年30歳になる。	I'll **turn** thirty next year. (I'll be thirty next year.)
天気が悪くなった。	The weather **turned** bad.
彼女はすごい美人になった。	She has **turned** into quite a beauty.

be

風邪がかなり悪くなった。	My cold **is** much worse.
最近の子供は前より不活発になっている。	Children **are** less active these days.

その他

温度が20度になった。	The temperature **has reached** [**dropped to**/**risen to**] twenty degrees.
春になった。	Spring **has** come.
ジャズが好きになった。	I've **begun to** like jazz.
明日は雨になりそうだ。	It **might** rain tomorrow.
誕生石の指輪は素敵なギフトになる。	A birthstone ring **makes** a wonderful gift.

EXERCISES

次の問題を解いてみましょう。

日本語の語尾に気をつけて英語にしてください。

1 来週は仕事がたくさん<u>ある</u>。
（there is を使わずに適当な主語を考えてください）

___

2 彼女には知り合いを作る機会があまり<u>ありません</u>。
（知り合いを作る機会 → opportunities to meet new people）

___

3 天気は曇りに<u>なりました</u>。
（「なる」を become 以外の動詞で表現してください）

___

4 使用済みの電池はご返却<u>くださるようお願い申し上げます</u>。

___

5 私たちはクリスマス会の予定を<u>立てています</u>。
（予定を立てる → make plans）

___

6 この工場は自動車部品を<u>作っています</u>。

___

解答例

1 主体をはっきりさせます。I（または We）を主語にします。
I will have much work to do next week.
I'll have a lot of work to do next week.

2番目の文は省略形の I'll を使っているので、よりインフォーマルな言い方です。また、a lot of は much よりインフォーマルです。「仕事」の意味で使う work は数えられない名詞です。

2 there is 構文を使わないで、she を主語にすると英語らしくなります。
She doesn't have many opportunities to meet new people.
She has few opportunities to meet new people.

3 The weather turned cloudy.（過去のこと）
The weather has turned cloudy.（今のこと）

4 「お願い申し上げます」は Please だけで十分表現できます。
Please return your old battery.
Please return your used battery.
Please return your used up battery.
battery を複数形 batteries にしてもかまいません。

5 「予定を立てているところです」と表現しても自然です。現在進行形を使います。
We are making plans for a/the Christmas party.

6 部品の生産は継続的に行われているので、現在形を使います。
This plant makes car parts.
This plant makes parts for cars.
工場は plant のほか factory も使えます。

PART 2

アイデアを英語らしく表現する

このパートでは、日本語と英語の発想の違いを分析し、英語らしい文を書くには何に気をつけたらいいかを詳しく見ます。英文を書いたとき、日本語の発想がそこにどのような影響を与えているか、考えたことはありますか？ そして読んだ相手は、どう感じるでしょう？ このことを自覚するだけでも、これから書く英文に大きな差が出ます。キーワードは、「肯定形を使う」、「具体性を持つ」、「言い切る」、そして「簡潔さ」です。日本語から発想転換して、英語らしい文の書き方を学びましょう。

CHAPTER 7

英語は ポジティブにいこう！
──「否定」から「肯定」へ

- 発想を逆転させて「肯定」にする
- 意味を考え、単語を探して「肯定」にする
- ビジネスではできるだけポジティブに
- 単語レベルでもnotを除く
- 二重否定を避けよう

英語は肯定形が好き

　日本語は英語に比べると、否定表現をよく使うという特徴があります。反対に英語では肯定形を好む傾向があります。2つの言語間の特徴の違いを端的に表すフレーズとして、"Remember Pearl Harbor" を考えてみます。"Remember Pearl Harbor" は、第二次世界大戦中に日本軍がハワイの真珠湾を攻撃したあと、アメリカ国内で喧伝された標語です。文字通りに訳せば「真珠湾を覚えていなさい」となりますが、実際には「真珠湾を忘れるな」（Do not forget Pearl Harbor）と和訳されています。「覚えていなさい」というより「忘れるな」のほうが、日本語では自然だからです。英語では肯定形の"remember"が、日本語では否定形の「忘れるな」が使われていることに注目してください。同じような違いが、恋人同士の会話でも見られます。

　　〈日本語では〉　私のこと忘れないで。
　　〈英語では〉　　Remember me.

具体的な指示を与える表現を活用しよう

　肯定表現は、特に指図を与える英文において頻繁に使われます（日本語は反対に否定表現を多く使います）。一例を挙げると、会社でよく物品や書類につける「社外持ち出し禁止」という表示です。このまま英語に直そうとすると、「禁止」をprohibitやdo notで表現することになります。"Do not take this outside the company."といった具合です。しかし英語ではこのようには言いません。「社外持ち出し禁止」に対応する表現には、"For internal use only"があります。「内部使用に限る」というメッセージですが、肯定表現であり、具体的です。「〜するな」という**do not**の指示はしばしば、「では何をすればよいのか」という疑問につながりますが、「〜しなさい」の指示は求められる動作が明確です。英語のコミュニケーション・スタイルでは、具体的（concrete）かつ明確（clear）な情報を伝えることに重きを置くのです。

「遠回しな否定」から「直接的な肯定」へチェンジ！

　ビジネスの場面でも、同様に肯定的な言葉遣いが好まれます。これは、相手に好印象を与えたり、意欲を示したりするにはポジティブな態度を示す必要があるので当然のことです。ですから、日本語に多い遠まわしな否定表現を、英語では直接的な肯定表現に変えたほうがよいことがあります。

　否定表現が比較的多い日本語の発想のまま英文を書こうとすると、notが頻出して単調になったり、語数の多い文になったりします。また注意書きなどでnotを多用すると、いらぬ反発を招いたりもします。指示文やビジネスレターを書くときは、特に肯定表現を心がけましょう。**日本語で否定語を含む文が頭に浮かんだら、同じ内容を肯定的に表せないかを考えてみてください。それだけで表現の選択肢が広がり、自然な英語が簡単に書けることがあります。**

1 発想を逆転させて「肯定」にする

> USBメモリ以外の媒体は使わ**ない**でください。

このような文を英語で書こうとするとき、多くの人の思考回路は次のように働くと思います。

「使わないでください」はdon't useでいいけど、「媒体」は何だっけ？ そうそう mediaが使える。でも、「以外」はどう言えばよいのかな。難しい。except forそれとも other thanがいいかな…

このようにしばらく迷った後で、次のような英文にたどり着くかもしれません。

Do not use any media other than USB flash drives.

これは日本語の発想のまま、言葉をひとつひとつ置き換えて作った英文です。文法的に間違いはありませんが、この発想プロセスでは「以外に」をどのように表現したらよいのかわからない場合に、そこで作業が中断してしまいます。辞書が手元にあれば調べることができますが、なければその時点で書けなくなってしまいます。

ここで、上記の内容を違う方法で表現できないか考えてみましょう。「USBメモリ以外の媒体は使わないでください」はつまり、「**USBメモリ媒体のみ使ってください**」と言っているわけです。英語にするのは、こちらが簡単です。

☹ **Use only USB flash drive media.**

実はこの文には、「媒体」の訳であるmediaを入れる必要さえありません。USB flash drive = mediaですから、mediaを除いて文を作ってみます。

> Use only USB flash drives.

たった4語の短い英文になりました。「以外に」や「媒体」に対応する英語を知らなくても書ける文です。短いばかりではありません。肯定表現を使った"Use only USB flash drives"は"Do not use any media other than USB flash drives"と比べると、よりシンプルで、好ましい言い方になります。「使わないでください」と書いてある注意書きは、日本では当たり前で違和感を覚えさせるものではありません。しかし、生命の危険や安全にかかわるような重大な警告は別にして、英語では"Do not..."の指示は好まれません。できるだけ肯定で表現したほうがよいのです。

「USBメモリ以外の媒体は使わないでください」と「USBメモリのみ使ってください」という2つの日本語を比較すると、**伝えようとする内容はまったく同じです。違いは、日本語では前者のほうが自然に聞こえることだけです**。日本語の言い回しにとらわれず、意味を伝えることで自然な英語になるよい例です。

似た例ですが、公衆トイレで次のような張り紙を見たことがあります。

> **トイレットペーパー以外は流さないでください。**

その下に小さな落書きがありました「では、これを持って帰れというのか」。

思わず笑ってしまいました。日本語だとこの張り紙の意味は100%明瞭なので、よく考えない限り違和感はありません。しかしこのまま英語にするとやはり変です。

Please do not flush anything other than toilet paper.

意味がぼやけるばかりでなく、pleaseをつけるのは丁寧すぎます。また狭い場所に掲示するには文が長すぎます。これはやはり、次のように言うしかありません。どうでしょう、実に簡潔です。

> **Use toilet paper only.**

2 意味を考え、単語を探して「肯定」にする

> この写真は直射日光に当て**ない**でください。
> また、写真の表面に触ら**ない**ようにしてください。

写真の取り扱いについての注意書きです。日本語のまま、否定の言葉を使って英語にしてみるとdo notが2度も続いて感じがよくありません。

> Do **not** expose the photograph to direct sunlight. Also **do not** touch its surface.

「直射日光に当てない」を肯定の表現にするにはどうすればよいでしょうか。「当てる（expose）」の反対語「遮る（shield）」を使うこともできるし、「（直射日光から）保護する（protect）」と言ってもよいでしょう。また、「（直射日光から）遠ざける（keep away from、keep out of）」を使うこともできます。まず日本語で肯定的に言い直してから英語にしてみます。

> 直射日光を**遮って**ください。
> **Shield** the photograph from direct sunlight.
>
> 直射日光から**保護して**ください。
> **Protect** the photograph from direct sunlight.
>
> 直射日光を**避けて**ください。
> **Keep** the photograph **away from** direct sunlight.

中学生でも知っている動詞keepを使えば、expose、shield、protectなど難しい動詞を知らなくてもOKです。

次に「写真の表面に触らない」の文です。これは動詞avoidを使って肯定の形に変えることができます。avoidは「〜を避ける」の意味ですが、avoid –ingの

形で使うと「〜することを避ける」、つまり「〜しない」を表現することができます。avoidに続く動詞は–ingの形にします。avoid to touchとは言わないので気をつけてください。

> Shield the photograph from direct sunlight.
> Also avoid touching its surface.

このように、同じ情報を異なる視点から伝えようとすると、表現の選択肢がどんどん広がります。**英語を書くときには、対応する日本語にとらわれないで自由に考えてかまいません。**伝えたいことを、最も簡潔かつ平易に伝えられる表現を選べばよいのです。

"Don't" は反発を招くこともあります

一般的に英語圏に住む人は、このような注意書きで「指図」されると、無性に反抗したくなります。個人主義の文化で、他人に自分の行動をいちいち干渉されたくないせいでしょう。日本ではテレビの天気予報で、雨の確率が60％という日など、お天気キャスターがよく「今日は傘を忘れないでお出かけください」と言って番組を締めくくります。日本人なら、ああそうかと思って素直に傘をもって出かけます。しかしこのようなひと言は、欧米人の感覚では余計なお世話なのです。英語の天気予報で、"When you go out today, don't forget your umbrella." と言うキャスターはいません。"It's going to be a long, wet day for people without umbrellas."（傘のない人には、じめじめした長い一日になるでしょう）のような表現なら、受け入れられるかもしれません。しかし、否定表現の"do not"で指図されると、視聴者は「雨の確率60％と聞けば、分別のある大人なら傘を持っていくのは当たり前ではないか」と反発を感じるでしょう。子供の頃、母親から"Don't forget your umbrella!"と言われた口調を思い出してしまうのです。

3　ビジネスではできるだけポジティブに

> 注文書にご署名が**ない**ため、商品の出荷が**できません**。
> ご署名のうえ、早急に送り返していただくようお願い申し上げます。

　ビジネスレターを書くときは、相手に好印象を与えるため、特に肯定的な表現を使うことを心がける必要があります。上記の日本文では「ない」と「できない」が使われていますが、敬語で全体のトーンが丁寧なため失礼な感じはしません。このまま英語にしてみます。

> Since you did **not** sign your order form, we **cannot** ship the order. Please sign the form and return it to us as soon as possible.

　この英文ではnotが2回使われています。日本語では気にならなかったのに、英語ではネガティブな雰囲気が漂います。また、"since you did not sign your order form"は、「あなたが署名しなかった」と言って、相手を責めている感じがします。追い討ちをかけて、"we cannot ship the order"「商品の出荷ができない」では取りつく島がありません（ここでorderは「注文」ではなく「注文された品物」を指しています）。

　このように、**手紙を受け取る相手に悪い情報を伝えなければならないときは、できるだけ肯定的な言い方を工夫する必要があります**。同じ内容を肯定形で表現してみましょう。

> 注文書にご署名が必要です。
> 署名済み注文書をいただければ、直ちに商品を出荷できます。

　ポジティブな態度になりましたね。英語にしてみます。

> **We need your signature on the order form.**
> **We will ship your order as soon as we receive the signed form.**

"we cannot ship your order" と拒絶するより、"we will ship your order" と書くほうが、読み手には好印象を与えることができます。

> **7月末までにご注文いただかないと、8月5日までにお届けできません。**

日本語のまま英語にすると、次のような文になります。

> **Unless** you order by the end of July, we **cannot** ship your order to arrive by August 5.

受け取った相手に好印象を与える言い方ではありません。これもまず日本語を肯定的に言い換えてから、英語にしてみます。

> 7月末までにご注文いただければ、8月5日までにお届けいたします。
> **All orders received by July 31 will be shipped to arrive by August 5.**

ビジネスレターでは、ちょっとした気遣いで好感度がぐっと上がります。

お勧め辞書

同義語・反義語・関連語などを調べるには類義語辞典（シソーラス）が便利です。

The New American Roget's College Thesaurus, Signet
ペーパーバック版の類義語辞典。

Merriam-Webster Online
　http://merriam-webster.com
英英辞典と類義語辞典のウェブサイト（無料）。ホームページに無料アプリの情報があります。

4 単語レベルでも not を除く

　これまではセンテンスのレベルで異なる表現を考えましたが、ひとつひとつの単語レベルでも、**notを使わない形に変えるようにすると、多くの場合、短くて自然な英語が書けます**。否定形から肯定形に変える代表的な方法には次の2つがあります。

1 語幹が同じ単語を探します。通常の辞書や類義語辞典で見つけることができます（119ページ参照）。例えば、"not likely" を "unlikely" に変える、"not satisfied" を "dissatisfied" に変えます。

　　She did **not agree** with the opinion.　（彼女はその意見に賛成し**なかった**）

　→ She **disagreed** with the opinion.　（彼女はその意見に異議があった）

　　The price is **not decided** yet.　（値段はまだ決まっていない）

　→ The price is still **undecided.**　（値段は未定である）

2 反対語を考えてみます。forgetの反対語はrememberですから、"not forget" は "remember" で表現できるわけです。

　　This glass is **not clean**.　（このグラスはきれいで**ない**）

　→ This glass is **dirty.**　（このグラスは汚い）

　　He did **not pass** the examination.　（彼は試験に受から**なかった**）

　→ He **failed** the examination.　（彼は試験に落ちた）

　日本語のコミュニケーションでは、「賛成し<u>ない</u>」、「受から<u>ない</u>」という遠まわしな言い方で、語気を和らげようとする気持ちが働きます。これに対して、「異議がある」、「落ちた」のような、**否定語を使わないダイレクトな表現は、より英語らしい**といえます。

次の文を見てください。

> Toru spent the first day of his vacation in the Pelican Hotel. The hotel **did not have enough staff**[1] and **did not provide**[2] good service. Toru **was not satisfied**[3] with the service and **did not stay**[4] there the next day.
>
> 〈訳〉徹は休暇の第1日目をペリカン・ホテルで過ごした。ホテルではスタッフが足りず、良いサービスを提供しなかった。徹はサービスに満足しなかったので、翌日はそのホテルに滞在しなかった。

全部でnotが4回使われています。英語はこのような繰り返しを嫌います。またnotの羅列で文が幼稚な印象になります。notを除く工夫をしてみましょう。

	〈否定表現〉		〈肯定表現〉
1.	did not have enough staff	→	a staff shortage
2.	did not provide	→	failed to provide
3.	was not satisfied	→	dissatisfied
4.	did not stay	→	left

以下は単語レベルで肯定形を使って書き直した文です。

> Toru spent the first day of his vacation in the Pelican Hotel. Because of a **staff shortage**[1], the hotel **failed to provide**[2] good service. **Dissatisfied**[3] with the service, Toru **left**[4] the hotel the next day.

いかがでしょうか。文がすっきりして読みやすくなりました。このように単語レベルで否定→肯定への変換を図ることにより、引き締まった文が書けます。そればかりか、「違う表現はないか」と探す習慣が身につくと、自然に語彙が増えていきます。英単語の語彙が豊かになれば、それだけ英文ライティングは楽になります。

5　二重否定を避けよう

> いまやイチローのことを知ら**ない**人はい**ない**。

「異論が**ない**わけではあり**ません**」、「可能性は**なき**にしも**あらず**」などの二重否定は日本語では珍しくありません。人間関係を円滑にするため語気を和らげるには有効な表現です。「知ら**ない**人はい**ない**」も違和感なしに使われる表現です。さて、上記の文をある人が次のように訳しました。

There is now nobody who doesn't know about Ichiro.

この文は、日本語と英語が次のように対応しています。

「イチローのことを知らない」　→　does not know about Ichiro
「人はいない」　　　　　　　　→　there is nobody

上記の英文は、日本人がいかに母国語である日本語の枠組みの中で英語を考え、その影響から自由になれないかを示すよい例です。notをnotで打ち消して肯定の意味を表す二重否定は、回りくどくわかりにくいため、英語ではできるだけ避けたい表現です。

「知らない人はいない」は「みな知っている」と同じ意味です。「誰でもイチローのことを知っている（聞いたことがある）」を、英語にしてみます。

> **Everybody has heard of Ichiro.**

どうでしょう。実に簡単な英語になりました。簡単なばかりでなく、最初の英文よりずっと自然でわかりやすいものです。日本語と英語との構文や表現の違いのツボを押さえれば、「発想」を変える作業はそんなに難しくありません。

English You Can Use Today

「禁止」を"Do not"を使わないで表現する例

従業員以外立ち入り禁止	Employees only
部外者立ち入り禁止	Private
許可なき者立ち入り禁止	Authorized persons only
社外持ち出し禁止	For internal use only
禁帯出（図書館で）	In-library use only
無断複写・転載を禁ずる	All rights reserved
立ち入り禁止	Keep out.
芝生にはいらないこと	Keep off the grass.
火気に近づけないこと	Keep away from flames.
薬は子供の手の届かないところへ	Keep medicines away from children.
禁煙	Thank you for not smoking. （No smokingよりやわらかく「禁煙にご協力ありがとうございます」という意味）

生命の危険など安全にかかわる強い警告ではDo not、Neverを使います。
　Warning: Never touch the electric switch with wet hands.
　警告：濡れた手で電気スイッチに触らないこと。

Noと言わずに断る——「いいえ、結構です」

「お茶のおかわりいかがですか？」（Would you like another cup of tea?）と聞かれて、「いいえ結構です」というとき、"No, thank you."という断り方はよく知られています。しかし、否定のNoを使わないで"I'm fine, thank you."と言うと、"No, thank you."より丁寧で好感がもてる表現になります。この場合、"I'm fine"は「もう十分にいただきました、大丈夫です」という意味合いになります。

EXERCISES

次の問題を解いてみましょう。

否定から肯定に発想転換する練習をしましょう。

次の文を肯定表現に変えてください。まず日本語で、「同じ意味を表す反対の表現は何か」と考えてみてください。それから英語にします。

1 結婚していません。
I'm not married.

2 彼は幸せではないようだ。
He does not seem happy.

3 私の上司は規則を曲げない。
My boss does not bend the rules.

4 Johnは会社を辞めなかった。
John did not leave the company.

5 通路に何も置かないでください。
Do not put anything in the aisles.

解答例

1 「結婚していません」は、「独身です」で表現できます。「独身」を表す形容詞 single を使います。

結婚していません。　　　　I'm not married.
　⇩　　　　　　　　　　　　⇩
独身です。　　　　　　　　I'm single.

2 not happy を1語で言い換えれば unhappy です。

彼は幸せではないようだ。　He does not seem happy.
　⇩　　　　　　　　　　　　⇩
彼は不幸せそうだ。　　　　He seems unhappy.

3 「規則を曲げない」ということは「規則に従う」ことです。

私の上司は規則を曲げない。　My boss does not bend the rules.
　⇩　　　　　　　　　　　　　⇩
私の上司は規則に忠実だ。　　My boss sticks to the rules.
　　　　　　　　　　　　　　My boss strictly follows the rules.
　　　　　　　　　　　　　　My boss abides by the rules.

4 「辞めない」を言い換えれば「留まる」ことになります。not leave は stay で表現できます。そのほか、remain や continued to work も使えるでしょう。

John は会社を辞めなかった。　John did not leave the company.
　⇩　　　　　　　　　　　　　⇩
John は会社に留まった。　　　John stayed with the company.
　　　　　　　　　　　　　　John remained in the company.
　　　　　　　　　　　　　　John continued to work for the company.

5 「通路に何も置かない」という状態は、通路に障害物がなく通れるということです。これは「障害物がない、空いている」を表す形容詞 clear で表現することができます。

通路に何も置かないでください。　Do not put anything in the aisles.
　⇩　　　　　　　　　　　　　　⇩
通路を空けてください。　　　　　Keep the aisles clear.

CHAPTER 8

具体的な言葉は伝わりやすい
──「抽象」から「具体」へ

- より具体的な言葉を選択する
- 客観的な描写を加える
- 5W1Hで具体的に

わかりやすさのポイントは具体性

　日本語ならば、文化を共有する日本人同士で行間の意味を理解できることもあります。しかし言葉そのものに重きを置く英語では、読み手に行間を読んでもらうことを期待してはいけません。

　都内の私鉄の車内に、次のような注意書きがありました。

> 「事故防止のため急ブレーキをかけることがありますのでご注意ください」

　その下の英訳が次のようになっていました。

> ☹ **Be careful** in case of an emergency stop being made to avoid an accident.

　これは日本語を忠実に英語に直したものです。「ご注意ください」を辞書の通りに訳せば、be carefulとなります。しかし、これを読んだ外国の人はどう反応するでしょうか。例えば、トウモロコシ畑が一面に広がるアイオワ州に住んでいるアメリカ人にとり、車は毎日の生活で唯一の交通手段です。そのような土地か

ら東京に来た観光客にとって、電車に乗るのは生まれて初めての体験かもしれません。吊り広告や人々が手にする新聞・雑誌には日本語しか書かれていない車内で、英語の表示はぱっと目に入るでしょう。しかし、このような旅行者にとり、"Be careful in case of an emergency stop" と書いてあっても、いったい何に気をつけるのか即座に理解できません。「何だろう」と考えているまさにそのとき、電車が急ブレーキをかければ、この旅行者は転んでしまいます。東京の人には、「ご注意ください」という文言の具体的な意味は「吊り革や手すりにおつかまりください」であることは経験からわかります。しかし、英語のメッセージを読む人にはダイレクトに伝わりません。ですから、be carefulではなく相手に具体的な行動を起こしてもらうメッセージにしたほうが親切です。

Hang on to the bar or strap in case the train brakes suddenly.

この表示を見れば、旅行者はすぐに近くの吊り革につかまり、急ブレーキがかけられても転ばずにすむでしょう。

英語を書くときは特に、抽象的な表現に気をつけましょう。いかようにも解釈できる言葉は、具体的な内容で意味をはっきりさせたり、できるだけ事実や数字などの例を挙げたりすることが大切です。ライティングの目的は、自分の意見を伝え、読み手を説得し何らかの行動をとってもらうことです。具体的（concrete）な描写で説得力を高めましょう。

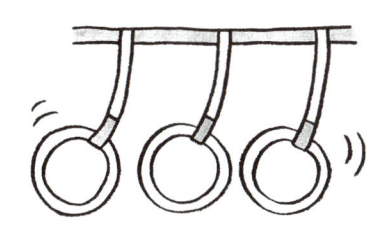

1 より具体的な言葉を選択する

「抽象から具体へ」の転換はそんなに難しくありません。より一般的で広義の言葉を使うかわりに、できるだけ狭義で意味が特定される言葉を選ぶよう意識することで、具体的な描写が可能になります。例えば、「彼は車を持っている」で、He hasに続く言葉を考えてみましょう。

乗り物	a vehicle
自動車	an automobile / a car
小型車	a compact car
日産の小型車	a Nissan compact car
日産マーチ	a Nissan March

上記の言葉は下にいくほど意味の範囲が狭くなって車を特定します。次の例では、たった1つの単語を抽象的なものから具体的なものに変えただけで、どれほど情報の量と質が変わるかを見てください。

〈抽象的〉「彼は車を持っている」　　　**He has a car.**

〈具体的〉「彼はホンダの車を持っている」　**He has a Honda.**
　　　　　「彼はポルシェを持っている」　　**He has a Porsche.**

車のメーカー名を出すだけでまったく印象は異なります。ポルシェは高級車。「彼」はお金持ちに違いありません。イメージをさらに膨らませるには、a Hondaやa Porscheを詳しく説明します。例えば、色や型式を示す言葉を足せば情報量は格段に増えます。

He has a battered 1994 Honda Civic.
彼は1994年型の、おんぼろのホンダシビックを持っている。

He has a shiny black Porsche Carrera.
彼はぴかぴかの黒いポルシェ・カレラを持っている。

それでは、たった1語でもできるだけ意味の狭い言葉を使ったほうがよい例を見てみましょう。

> 自宅のマシンが壊れてしまった。

My **machine** at home has broken down.

「マシン」という言い方は、コンピュータのユーザがよく使います。しかし英語のmachineは、パソコンを含め庭の芝刈り機から洗濯機まで機械すべてに該当します。壊れたのがパソコンならば、personal computer（PC）を使います。

> My home **PC** has broken down.

次はキャッチフレーズです。

> 「みんなで力を合わせれば、大きなものができあがる」

If we work together, we can create **big things**.

このようなキャッチフレーズでは、雰囲気的な言葉を連ねることがよくあります。日本語では、何となく言いたいことはわかるのですが、このまま英語にすると、何を言いたいのかわからない文になってしまいます。big thingsとは何でしょう？　いったい何が言いたいのでしょうか？　英語にするときは、「大きなもの」をより具体的に表現しなければなりません。

〈より具体的な書き方〉

> 「みんなで力を合わせれば、**この仕事をやり遂げることができる**」
> If we work together, we can get this job done.
>
> 「みんなで**一緒に考えれば**、**問題の解決が見つけられるだろう**」
> If we think about this together, we might find a solution to our problem.

2 客観的な描写を加える

　最初に述べたように、英語はほのめかすということが少ない言語で、言葉そのものに重きが置かれるため、**伝えたい内容は明瞭かつ具体的に、言葉を尽くして表現しなくてはなりません**。書き言葉のコミュニケーションでは書かれたものがすべてですから、このような英語の特徴は、「話す」ときよりも「書く」ときに、特に気にする必要があります。

その映画は面白かった。

　とても面白い映画を見たあとで、手紙やメールで外国人の友達にその映画を勧めるとします。「面白い」は何と言ったらよいでしょうか。「面白い」と聞くと、多くの人は即座にinterestingを思いつき、この文を"The movie was interesting"と訳します。これは、受験勉強で日本語と英語の単語を1対1の対応で覚えたために起きる現象です。しかし英語では「面白い」に対応する言葉はいくつもあり、各単語の意味は少しずつ違います。

amusing, entertaining	人を楽しませる面白さ
interesting	知的好奇心や興味をそそる面白さ
thrilling	スリルがあって興奮する面白さ
exciting	ワクワクする面白さ
funny, comical	笑わせる面白さ
fascinating	魅惑的でうっとりとさせる面白さ

　例えば、サンフランシスコの街中でカーチェイスするシーンがあってスリル満点だったなら、その面白さはthrillingになります。

The movie was thrilling.

　ここで単にthrillingと書くだけで終わらせずに、何がスリル満点だったのかを書くと、読む人に伝わる情報量は何倍にもなり、中身の濃い文になります。

The movie had a car chase in San Francisco.

　a car chase in San Franciscoという描写は、客観的かつ具体的にthrillingの中身を説明しています。

　映画のヒーローがエイリアンと闘い、観客をワクワクさせたならば、その面白さは英語ではexcitingになります。

〈抽象的〉　The movie was exciting.
〈具体的〉　**In the movie, the hero battled aliens.**（ヒーローがエイリアンと闘った）

　間抜けな主人公が失敗ばかりするシーンに笑い転げたならば、その面白さは英語ではfunnyになります。

〈抽象的〉　The movie was funny.
〈具体的〉　**The story was a comedy about a man who messed up everything.**（男が何をやっても失敗する喜劇だった）

　何かに興味をそそられる映画ならばinterestingと描写できます。

〈抽象的〉　The movie was interesting.
〈具体的〉　**I love movies based on true stories, so it was interesting for me.**（実話に基づいた話が好きなので、面白かった）

　「面白い映画だった」とだけ書いても友人にはその中身が伝わりません。カーチェイスやエイリアンに言及するだけで、読んでいる人の頭にはっきりとした「面白さ」のイメージがわきます。面白さを強調したいがためにvery、extremely、reallyなどをつける人がいます。これは日常会話で使うのには問題ありませんが、文章にしたときvery interestingだけではほとんど意味がありません。読んでいて頭の中に絵が浮かばないのです。「面白い」と言ったあと、なぜ面白いかという**理由を説明することが大切**です。

3　5W1Hで具体的に

　5W1Hという言葉を聞いたことがあると思います。文章を構成するときの基本的な要素で、「誰が（who）」、「何を（what）」、「いつ（when）」、「どこで（where）」、「なぜ（why）」、「どのように（how）」を表現することで、情報を明確に伝えることができます。ビジネスの分野では、これにもうひとつのHである「いくら（how much）」を加えて5W2Hと言うこともあります。英語の文を書くときに5W1Hを意識すると、具体的で明確な文を書くことができます。
　あいまいで主観的な言い方を5W1Hで詳しく言い換える例をいくつか挙げましょう。

> **近いうちにご連絡差し上げます。**

I will **contact** you in the near **future**.

　ビジネスでは常に、自分の書いた文章を受け取った相手がどのように感じるかを考え、できるだけ好感をもってもらえるよう工夫したいものです。上記の文をより具体的にし、相手に親切な情報を盛り込むためには、まず「連絡する」ための手段（how）を特定します。例えば手段には電話、Eメール、手紙などいろいろあります。

　　「連絡する」contact　→　「電話する」call
　　　　　　　　　　　　　　「Eメールを出す」e-mail
　　　　　　　　　　　　　　「手紙を出す」write

　次に、「近いうちに」を日時（when）で特定します。はっきり言えない場合でも、in the near futureよりはnext monthやnext weekのほうがいつまで待てばよいのかの目安を与えてくれます。

　　「近いうちに」in the near future
　　　　　　　　　→　「今週末までに」by the end of this week
　　　　　　　　　　　「来週の月曜日に」Monday next week

〈より具体的な書き方〉

> 今週末までにお電話いたします。
> **I will call you by the end of this week.**
>
> 来週はじめにEメールいたします。
> **I will e-mail you at the beginning of next week.**
>
> 来月お手紙を差し上げます。
> **I will write you next month.**

この件に関してはすぐに処置いたします。

We will **take care** of this matter **immediately**.

　このような一般的な表現はさまざまな状況に使えて便利です。しかし、ビジネスレターで使うと、受け取った人は紋切り型の返答だという印象を持つでしょう。「すぐに」、「処置する」の具体的な日時や内容を示すほうが好印象を与えることができます。

　以下は、「すぐに」がいつ（when）であるかが特定され、「処置する」とは誰が（who）何を（what）するかがより具体的にわかる書き方です。

> 数日中に当方のエンジニアを派遣します。
> **We will send our engineer in the next couple of days.**
>
> お支払いは今週いたします。
> **We will pay the bill this week.**
>
> 本日、返金処理をいたします。
> **We will make a refund today.**
>
> 荷物を明日お届けいたします。
> **Your package will arrive tomorrow.**

ビジネスの世界のみならず、日常でも「数字がものをいう」シーンはいくらでもあります。次は、5W2Hの2つめのHであるhow muchを示す例です。

> 家賃がすごく高い。

The rent is **very high**.

very highという表現を聞いて「20万円くらいかな」と思う人もいれば、「10万円くらいかな」と思う人もいます。highの意味は相対的であり、聞く人の住む地域によってとらえ方が異なります。また個人の経済力により、ある人にとっては高いかもしれないものの、他の人にとっては安いという可能性もあります。

家賃は月30万円だ。
The rent is **¥300,000 a month**.

very highという主観を述べた文に比べると、30万円という情報は客観的です。値段に限らず数値がわかるものについては、その値を明示したほうが具体的で情報が正確に伝わります。主観（high）と客観的事実（¥300,000 a month）を両方書くのもよいでしょう。

> The rent is high, ¥300,000 a month.
> The rent is ¥300,000 a month, rather high.

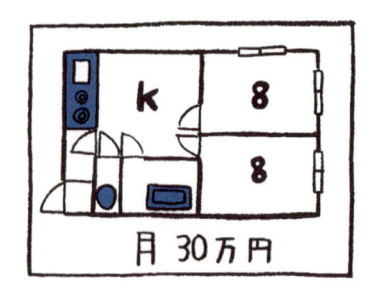

Native Speakerのコメント

個人の解釈に任せないためには具体的に

　日本で生活していてよく耳にする言葉で、少し違和感を覚える表現があります。知り合いの大学生のことを話していて、「彼はとても学生らしい」と言う人がいますが、「学生らしい」とは一体どういうことでしょうか？ 人によって解釈はさまざまで、学生に対するイメージは異なります。お金があまりなくて一生懸命勉強しているのが学生らしいと思う人もいれば、文武両道こそが学生らしい、あるいはバイトに明け暮れるのが現代の学生だと思う人もいます。「学生らしい」とだけ言って相手が理解しただろうと満足してしまうと、実は何も通じていなかったり、まったく違う印象を与えたりすることがあります。英語で書くときは、自分が伝えたい内容をできるだけ詳しく説明してください。

なんだかよくわからない表現
「彼は学生らしい生活をしている」
He leads a student-like life.

「彼」の姿が目に浮かぶ表現
　住まい、洋服、習慣などについて具体的に書くと、「彼」がどんな学生なのか想像できます。

He lives in a cheap apartment, dresses in jeans and t-shirts, and is always reading books.
(彼は安アパートに住んで、ジーンズとTシャツを着て、いつも本を読んでいる)

He is a member of the basketball club, but I hear he studies for hours each night after practice.
(彼はバスケット部の部員だが、練習が終わってから夜何時間も勉強しているそうだ)

He sleeps in late on weekends and spends all his money on going out at night with his friends.
(彼は、週末は遅くまで寝ていて、友達と夜遊びするのに散財している)

English You Can Use Today

「注意してください」の具体的表現

「注意してください」という表現をよく見かけますが、この言い方はあいまいで、実際には何をすべきかよくわからないことがあります。「何に注意すべきなのか」を具体的に書くと効果的な文になります。

【具体性を持たせる ①】

機器の取り扱いには注意してください。
Be careful of device handling.

より具体的な内容を指示します。
↓

この機器は落とさないように注意してください。
Be careful not to drop the device.

この機器は汚さないようにしてください。
Keep the device clean.

この機器を扱うときには手袋をしてください。
Wear gloves when handling the device.

【具体性を持たせる ②】

個人情報の取り扱いには注意してください。
Be careful when handling personal information.

一体何を注意すればよいのでしょうか？
↓

個人情報はすべて機密扱いです。
All personal information must be kept confidential.

個人情報ファイルは会社の規則にしたがって保管してください。
Store personal files according to company regulations.

個人情報を漏洩すると法律により罰せられます。
Leaking personal information is punishable by law.

【具体性を持たせる ③】

「フィッシング」詐欺にご注意ください。
Beware of phishing scams.

これだけでは不親切なので、もう少し具体的な内容を足します。
↓
合法的企業がクレジット・カードのパスワードをEメールで問い合わせることは決してありません。
Legitimate businesses will never ask for your credit card password by e-mail.

Eメールで個人情報を送付する際には、(相手を) よく確かめてください。
Check first before sending personal information by e-mail.
(注：e-mailのつづりは、最近ハイフンなしのemailが使われるようになってきました)

EXERCISES

次の問題を解いてみましょう。

次の英文は、フラワーアート展の来場者へのお礼の手紙です。内容を具体的に書いていないため、印象の薄い手紙になっています。**1**と**2**の部分を具体的な情報に入れ替え、**3**と**4**では言葉を足して、よりインパクトの強い手紙にしてみましょう。

Thank you very much for coming to the Flower Art Exhibition held by <u>our company</u>**1** <u>the other day</u>**2**. Thanks to your cooperation, the exhibition was <u>a huge success</u>**3**. We are committed to <u>our business</u>**4** and hope that we will be able to serve you again in the future.

〈具体的情報〉
1 主催者は花森アート（Hanamori Art Corp.）
2 6月3日から5日まで東京ビッグサイトで開催
3 来場者は8千人であった
　　（a huge successに続けて客観的なデータを足してください）
4 花森アートはフラワーアート関連グッズのビジネスをしている

解答例

書き直した手紙

Thank you very much for coming to the Flower Art Exhibition held by **Hanamori Art Corp.**[1] **at Tokyo Big Sight from June 3 to 5**[2]. Thanks to your cooperation, the exhibition was a huge success, **and we had about 8,000 visitors**[3]. We are committed to our business **in flower art goods**[4] and hope that we will be able to serve you again in the future.

〈日本語訳〉
　6月3日から5日まで東京ビックサイトで開催された、花森アート主催のフラワーアート展にご来場くださり、誠にありがとうございました。おかげさまで、およそ8千人もの方々にご来場いただき、大成功に終わりました。当社はこれからも、フラワーアート関連グッズのビジネスに励むとともに、お客様のお役に立てるよう努める所存でございます。

[1] our company → **Which** company?（**Who?**）
　日本語では「弊社」というへりくだった表現をするところですが、英語では固有名詞で社名を入れて相手にアピールします。会社名が花森アートならばHanamori Art Corp.と表記します。

[2] the other day → **When?**（**Where?**）
　受け取った相手はthe other day（先日）がいつのことかわからない可能性があります。また「いつだったかな」と思わせるよりは、具体的な日時を書いたほうが親切です。6月3日から5日まで開催されたのならfrom June 3 to 5と書きます。会場が東京のビッグサイトであったならその情報も入れると、思い出す手がかりが増えます。

[3] a huge success → **How** successful?
　a huge success（大成功）と書いてあっても何のイメージもわきません。展覧会が成功であったという事実を具体的に描写します。we had about 8,000 visitors（来場者は8千人であった）という情報を足します。

[4] our business → **What** is your business?
　committed to our business（社業に努める）と書いても、「社業」が何かわかってもらえない可能性があります。手紙は自己アピールのチャンスですから、business in flower art goods（フラワーアート関連グッズのビジネス）として読み手に印象づけましょう。

　このように具体的に書くということは5W1H（when, where, who, why, what, how）を意識することでもあります。内容が具体的な手紙は、受け取る人に大きなインパクトを与えます。

CHAPTER 9

自信を持って言い切ろう
——「あいまい」から「言い切り」へ

- 相手を説得したいなら言い切ろう
- 「思います」と I think のニュアンスは別
- 「など」「等」と etc.

あいまいな言い方に隠れた本当の意味

　日本語のコミュニケーションでは、物事をあまりはっきり言うと「きつい」とか「ぶっきらぼう」とか「生意気」と思われることがあるため、断言を避ける言い方がたくさんあります。婉曲表現も発達していて、交渉の場面で相手が「ちょっと難しい」と言ったとき、日本人ビジネスマンなら、「ああ、この交渉は無理」と感じます。しかし「ちょっと難しいと思います」をそのまま英語にしたらどうなるでしょうか。

「明日、納品できますか？」　Can you make a delivery tomorrow?
「ちょっと難しいと思います」

文字通りの英語に直すと　→　**I think** that's **a little** difficult.
　　　　　　　　　　　　　（「ちょっとだけ難しい」、つまり可能性があると伝える英語。
　　　　　　　　　　　　　「やればできそう」の意味になりうる）

　I think は「私の考えでは」という気持ちを表し、a little difficult は、文字通り「少しだけ難しい」という意味です。非常に難しいわけでも、できないわけで

もありません。本当に不可能ならば、英語ではa little「ちょっと」と言わずに、「できない」ことを表現しなくてはなりません。

本当に言いたいこと　→　**I'm sorry, but it won't be possible.**
(語調を和らげるためI'm sorryやunfortunatelyはつけるけれど、「できない」ことはきちんと伝える)

　英文を書くとき、本当は確かなことを伝えたいのに、日本語の習慣で思わずmaybeなどをつけてしまうことがあります。しかしmaybeは文字通り「そういうこともある」や「これは推測です」を意味します。英語を書く前に、まず伝えようとする情報が確かなものか、不確かなものかを頭の中ではっきりさせてください。確かでないならば、推測の表現が適切です。しかし確実な情報を伝えたいときや、相手を説得したいときは、言い切ってメリハリをつけましょう。**Be confident!**（自信を持ちましょう！）

1　相手を説得したいなら言い切ろう

　日本語のビジネス文書で「～のようです」、「考えられます」、「思われます」などの語尾を使っても、丁寧で謙虚な表現として受け止められ、自信がないとは思われません。しかしこのような表現に慣れ親しんでいると、英語を書くとき、それに対応するseem、appear、probably、maybeといった単語をつい多用してしまいます。これらの単語は、文字通り「可能性がある」、「たぶん～である」という推量を意味します。断定すべきときに推量の表現を使っても、英語では相手を説得することはできません。語尾を和らげる日本語表現をそのまま英語にすると、「自信がない」、「あいまい」、「無責任」といった印象を相手に与えかねません。「～のようです」、「思われます」と言いたくなったら、ちょっと立ち止まって考えてください。それは本当に推量ですか？　断定できないことでしょうか？　**自分が伝えようとすることが事実やデータに基づいているなら、英語では言い切ります。**

「思われます」

　it seems that、it appears thatを使うべきではない例です。

> 顧客サービスを一層向上させていくことが必要である**と思われます**。

> **It seems that** we have to further improve our customer service.

　「思われる」という語尾は調子を和らげる働きをしています。しかし英語でIt seems thatと書くと、まるで他人事のようで切実感がないばかりか、無責任にさえ響きます。日本語でまず自信をもって言い切り、それから英語にしましょう。

> 顧客サービスを一層向上させていくことが必要です。
> We have to further improve our customer service.

「〜のようです」

> このデータを見るかぎり、女性の7割は肌の悩みを持っている**ようです**。

> **According to this data, 70% of women <u>seem</u> to have skin concerns.**

　ここでもseemやappearは、主張を弱めてしまいます。日本の化粧品市場の調査を依頼した海外のクライアントが、報告書を受け取ったとします。上記のような文は、クライアントをいらいらさせる可能性があります。「肌の悩みはあるのか、ないのか？」 クライアントははっきりした情報がほしいのです。日本語の表現は少し自信がなさそうに響くので、断定の表現に変えます。

> このデータは、女性の7割が肌の悩みを持っていることを**示しています**。
> **Our data shows that 70% of women have skin concerns.**

　これなら間違いないですね。データが7割という数字を示しているのは事実ですから、"our data shows" というのは責任感を感じさせる言い方です。数字が間違っている可能性を自ら指摘する必要はありません。「このデータを見ると、7割の女性は肌の悩みを持っています」と言い切ると、confidentな英文を書くことができます。

「考えられます」

　it can be thought、it is consideredなども、同様に弱い表現です。

> わが社の調査によれば、家庭での無線LANの使用は今後も増えるものと**考えられます**。

According to our survey, it can be thought that the use of wireless LAN will continue to increase in homes.

日本語では「考えられます」と書くのはごく自然です。このように書いても、調査の信頼性に疑問をはさまれることはありません。しかし英語でit can be thought thatを付加すると、徹底した調査を行っていないという印象を与えてしまいます。これも断定する日本語に書き直してから英語にします。

> わが社の調査は、家庭での無線LANの使用が今後も増えることを示しています。
> **Our survey shows** that the use of wireless LAN will continue to increase in homes.

推量、予想するとき

伝えようとする情報が本当に推量・予想であり、断定できない場合には、「ようです」、「考えられます」、「思われます」に対応する英語表現を使います。

> 輸送中の振動が製品損傷の原因だと**思われます**。

製品が輸送中に壊れたとしても、原因究明の解析が十分でない段階では確かなことは言えません。振動が原因であるということが100%確かでない限り、断定はできないので、次のように推量の表現を加えます。

> Vibrations during transport **seem** to be [are **probably**] the cause of damage to the product.

文章全体がはっきり書かれていれば、事実かどうかわからないときに推量・予想の表現を使うとメリハリが出て、書き手の意図が明確（clear）に伝わります。

Native Speakerの コメント

控えめもほどほどに

あるビジネスマンの会話です。

「部長は脂っこいものが嫌いみたいですね」
「そのようですね」

2人は部長と親しい関係で、好みをよく知っています。でも「みたいですね」というあいまいな表現をするのは、他人の好みについて断言は避けたいという日本人的な配慮からです。「みたいですね」と言う人は、自分の発言が真実ではない可能性もちゃんと考えて話をしているので、謙虚で礼儀正しい印象を与えます。しかし！

"The boss seems to hate oily food."
"I guess so."

この英語のニュアンスを日本語で書くと、こんな感じです。

「部長は脂っこいものが嫌いな気がします。あくまで推測だけど」
「私もそう推測します」

こんな発言を聞くと、英語圏の人は「何を言っているの？ 推測の話なら、あまり面白くないし参考にもならない」と考えるでしょう。
では、最初の日本語での会話の本当の意味は何でしょうか。

"The boss sure hates oily food."
「部長は確かに脂っこいものが嫌いですね」
"You can say that again."
「本当にそうですね」

「みたいですね」のついていない日本語は、はっきり言い過ぎて丁寧ではないし、どこか品がないようにさえ響きます。しかし英語ではまったく問題ありません。

2 「思います」とI thinkのニュアンスは別

「思います」という語尾は、日本語の調子を整えるために使われます。事実を述べたり自分の考えを主張したりするときでも、生意気だと思われないよう、言い切りを避けて「思います」で文を終わらせることがあります。断定調の語尾は、柔らかい物言いを好む日本人には向いていません。

この「思います」に対応する英語はI thinkです。しかし、I thinkと「思います」の意味が等価でないときがあります。英語のI thinkは、「私はこう思っているけれど、別の意見や考えもあるかもしれない」というニュアンスを伝えます。つまり妥協の余地を残す言い方です。そのため、事実を述べたり、相手を説得したりしたいときにI thinkは向いていません。日本語と同じ調子でI thinkを連発しないよう、我慢する必要があります。

無駄な費用を減らすべきだと思います。

I **think** we should cut down on wasteful spending.
（「私だけの意見ですが」と弱腰です）

〈言い切り〉無駄な費用を減らすべきです。
→ We **should** cut down on wasteful spending.
（「減らそうよ」という気持ちが出ます）
→ We **must** cut down on wasteful spending.
（「減らすべき」と強く主張しています）

この広告を選ぶべきだと思います。

I **think** we should use this ad.
（「私は使ったほうがいいと思いますよ。あくまで私の意見ですが」）

〈言い切り〉この広告を選ぶべきです。
→ **We should use this ad.**
（「知識と経験に基づいて、私はこの広告を選びます」）

お客様にご満足いただけることがわれわれの使命であると**考えております。**

We think we are committed to the satisfaction of our customers.
（自分たちの使命に自信がないようです。「満足」は期待できそうにありません）

〈言い切り〉お客様にご満足いただけることがわれわれの使命です。
→ **We are committed** to the satisfaction of our customers.
（使命感が伝わります）

　自分の意見を表明するエッセイや、事実を述べる報告書、相手を説得しなければならない提案書では特に、I thinkの使い過ぎに気をつけてください。また、近年、日本の多くの大学は「小論文」を試験科目に取り入れています。合格をめざす受験生は、日本語の小論文でも「思います」を書かないように、と繰り返し指導されています。自分の意見・考えを表明することが目的の小論文で、いちいち「私は…と思います」と書く必要はないわけです。英語でも同じです。I thinkを削除するだけで、自信に満ちた（confident）文章を書くことができます。

3 「など」「等」と etc.

　日本語の文章には「など」、「等」があふれています。何かを列挙するとき、多くの人は「自分が思いつかないものが、他にもあるかもしれない」という可能性を考慮して、リストの最後に「等」をつけます。また、特別な理由がなく、単なるくせで「など」を習慣的に使う人もいます。このため、日本人の書いた英語には etc. (et cetera)、and so on、and the like が頻出します。しかしこのような「その他のさまざまなもの」を指す英語表現には、実はほとんど意味がありません。日本語では気にならない「など」ですが、対応する英語の言葉である etc. (et cetera)、and so on、and the like は文にあいまいな響きを与え、無意味な言葉に読み手が苛立ちを覚える場合もあります。なんでもかんでも etc. をつけることは慎みましょう。

なんとなくつけている「など」

　あまり意味はないのに、習慣的に「など」と書いていませんか。「私どもなどは…」と言うとき、自分たち以外の誰のことを指しているのでしょうか？ たいてい自分たち以外には誰もいません。なんとなく使っている「など」は etc. に置き換えないようにします。次の例を見てみましょう。

> 小型の電子辞書は、海外旅行**など**に持っていくと便利です。

　☹ Small electronic dictionaries are convenient when you go on overseas trips, **etc.**

　この etc. はまったく無意味です。また名詞1個に続けて etc. を使うことはできません（etc. は2つ以上の物を列挙した最後につけます）。

> Small electronic dictionaries are convenient when you go on overseas trips.

> 携帯電話**など**の電源はお切りください。

Please turn off cell phones, **etc.**

etc.があると、英語圏の読者は「その他に、例えば何があるの？」と聞きたくなります。

> Please turn off cell phones.

「他にもある」ことを示したいとき

etc.を使うかわりに、include、such as、for exampleなどの言葉を使って工夫することができます。

> 新車のオプションには革張りシート、**UV**カットガラス、ナビゲーション・システム**など**があります。

Options for the new car are leather seats, UV cut glass, navigation system, etc.

> 動詞 include（「～を含む」）を使う
> Options for the new car **include** leather seats, UV cut glass, and a navigation system.

> 例示を示す言葉 such as、for example（「例えば」）を使う
> There are many options available, **such as [for example,]** leather seats, UV cut glass, and a navigation system.

CHAPTER 9

English You Can Use Today

「断る」ときは相手を気遣って！

　この章では、確かな情報を明確に伝えたいとき、また、自分の主張をはっきり述べて相手を説得したいとき、英語では言い切ることが大切であることを説明しました。しかし強く断言することが常に効果的なわけではありません。例えば、ビジネスの場面で、否定的な意見や反論を伝えなくてはならないときがあります。また、相手の提案を受け入れられないときもあります。そんなときは、「自分が相手の立場にいたらどう思うだろう」と考え、相手を傷つけない配慮が必要になります。反論したり断ったりするときは、次のような柔らかで丁寧な英語表現が役に立ちます。

Unfortunately　残念ながら

残念ながら、あなたのアイデアを試す時間がありません。
Unfortunately, we don't have the time to try out your idea.

I'm afraid　残念ながら

残念ながら、この計画に同意できません。
I'm afraid I can't agree with this plan.

I'm sorry to say　残念ながら

残念ながら、面会のお約束をおとりできません。
I'm sorry to say that we can't schedule an appointment for you.

（weは日本語の「弊社」のニュアンスです。この表現の場合はIとweが混在していても問題ありません）

We can see your point of view, but　ご意見はよくわかりますが

ご意見はよくわかりますが、他の手段を使うことに決めました。
We can see your point of view, but we have decided to use another method.

I appreciate your proposal, but　ご提案はありがたいのですが

ご提案はありがたいのですが、若者を対象にしたものを探しています。
We appreciate your proposal, but we are looking for something aimed at young people.

I hope you don't mind me saying so, but
こんなふうに言って差し支えなければ

言わせてもらえば、今週はずっと遅刻ですよ。
I hope you don't mind me saying so, but you've been late every day this week.

It has been my experience that　私の経験では

私の経験では、オンラインでの購入は危険を伴います。
It has been my experience that online purchases are risky.

EXERCISES

次の問題を解いてみましょう。

次の日本語文のあいまいな表現を言い切りの表現に変え、意味の通じる英語にしてください。

1 このレポートはちょっともの足りない感じがします。
（もの足りない→ insufficient）

---

2 その考えは受け入れにくいと思います。

---

3 「彼は今日、また大事なことを忘れたみたいですね」
「そのようですね」

---

4 海外に行くとき、パスポート、クレジットカード、緊急時の連絡先等を忘れないこと。（緊急時の連絡先→ emergency contacts）

---

5 この会議では、来年度の予算と販売計画等について話し合います。

解答例

下線は英語にしないほうがよい部分を示しています。

1 このレポートは<u>ちょっと</u>もの足りない<u>感じがします</u>。→ このレポートはもの足りない。
This report is insufficient.
相手への配慮を入れるならば、「残念ながら」(unfortunately、I'm afraid) をつけます。
Unfortunately, this report is insufficient.

2 その考えは受け入れ<u>にくい</u>と思います。→その考えは受け入れられません。
We/I can't accept that idea.
相手への配慮を入れるならば、「ご意見は理解できますが」(see your point of view) をつけます。
We/I can see your point of view, but we/I can't accept that idea.

3 「彼は今日、また大事なことを忘れた<u>みたいですね</u>」→「彼は今日、また大事なことを忘れた」
「<u>そのようですね</u>」→「そうですね」
"He has forgotten something important again today."
"Yes, he has."

4 「等」、「など」は etc.、and so on、and the like にする必要はありません。また、「忘れないこと」という否定表現は、英語では肯定の形 be sure to take（必ず持参すること）にすると感じがよくなります。
When you take a trip overseas, be sure to take your passport, credit card and emergency contacts.
「他にもある」ことを言いたいときは、こんな表現ができます。
Some things you need for an overseas trip are your passport, credit card, and emergency contacts.

5 主な議題が「来年度の予算と販売計画」だけならば言い切ります。
We will talk about the budget and sales plans for next year at this meeting.
他の議題もあることを言いたいときは include を使うことができます。
The agenda for this meeting includes the budget and sales plans for next year.

CHAPTER 10

文は短いほうが
わかりやすい
──「冗長」から「簡潔」へ

- 同じことを2度言わない
- 重ね言葉に気をつけて
- 省いたほうがよい言葉
- 繰り返される単語は省略できる

イメージ重視の日本語と意味重視の英語

　日本語は英語に比べて、同じことを表現するのに、より多くの言葉を使う傾向があります。例えば、企業のミッション・ステートメントで、次のような文言をよく見かけます。

> ××社は、ビジネスの成長と繁栄を通して社会の発展に寄与し、すべての人々の幸福な生活を実現いたします。

「成長」、「繁栄」、「発展」、「幸福」、「実現」などポジティブな言葉が連なり、具体的な意味ははっきりしないのに、なんとなくがんばっている良い会社のイメージがわきます。このように日本語の文には、実質的な意味が同じでも、雰囲気があり、読者の情緒に訴える言葉を重ねる傾向があります。

　反対に、英語では言葉の雰囲気ではなく、より明瞭な意味を重んじる傾向があります。できるだけ少なめに言葉を選び、具体的（concrete）かつ明確（clear）

に表現しようと努力するのです。上のミッション・ステートメントをそのまま英語にすると次のようになります。

> Our mission is to contribute to the development of society through prosperity and growth of business and to realize the happy life of all people.

　この英語は、日本語とは同じ効果を発揮しません。それどころかマイナスのイメージさえ読者に抱かせます。「冗長で中身が薄く、ほとんど意味のない文」という印象です。英語圏企業のミッション・ステートメントはより具体的です。例えば、20世紀のアメリカの実業家Henry J. Kaiserは、"Find a need and fill it.（ニーズを見つけ、それを満たす）" という短い言葉で事業の理念を表現しています。また、ヘルスケア製品メーカーであるJohnson & Johnson社の企業理念の表明は、次の文で始まっています。

> We believe our first responsibility is to the doctors, nurses and patients, to mothers and fathers and all others who use our products and services.
>
> （我々の第一の責任は、我々の製品およびサービスを使用してくれる医師、看護師、患者、そして母親、父親をはじめとする、すべての顧客に対するものであると確信する）

　非常に具体的です。抽象的で意味のぼやけた言葉の羅列を嫌うという英語の特徴は、日本語とは正反対です。

英語におけるeconomy of wordsの重要性

　このように冗長を嫌い、簡潔を好むという特徴が英語にはありますが、それを表したのがeconomy of wordsという表現です。これは「無駄のない言葉遣い」という意味です。「同じ内容を伝えられるならば、3語より2語、2語より1語で伝えるほうが良い」という考え方です。この章では、余計な言葉を省き、英文を簡潔に書くコツについて紹介します。

1　同じことを2度言わない

　漢字とアルファベットという文字の特性の違いから、日本語を英語に訳すと文が長くなるのが普通です。漢字は1字で多くの意味を包含しますが、アルファベットは組み合わせない限り意味を生み出しません。また、日本語には漢字以外にひらがな、カタカナがあり、同じ概念を漢語と和語で重ねて表現することもあります。例えば、「難解でわかりにくい」を考えてください。「難解＝わかりにくい」なので、英語ならば "hard to understand, hard to understand" と繰り返しているようなものですが、漢字とひらがなを組み合わせているので気がつきません。このような文字の特性により、日本語では意味が似ている言葉を重ねて使うことがよくあります。例えばこんな風です。

> 小さくてかわいい子犬たちが、ボールにじゃれて遊んでいます。

　日本語では、光景が生き生きと目に浮かぶよう、言葉を足していきます。しかし、この文を一字一句そのまま英語にしようとすると、「小さい子犬」や「じゃれる」と「遊ぶ」で同じ意味の言葉が繰り返されているのに気がつきます。

小さくてかわいい子犬	☹ small cute little dogs
ボールにじゃれる	play with a ball
遊ぶ	play / have fun

　これらをすべて英語にすると、言葉が多すぎて冗長です。

　☹ **Small** cute **little** dogs are **playing with** a ball and **having fun.**

　重なっている言葉（太字の部分）を除きます。

　Cute little dogs are playing with a ball.

　ずいぶん良くなりました。cute little dogs を puppies に替えるとどうでしょう。

> **Puppies are playing with a ball.**

　puppyという言葉が小さい（small）やかわいい（cute）のイメージを起こさせるので、実はこれで十分です。子犬が楽しそうに遊んでいる光景が目に浮かびます。このように、**英語では日本語と反対に、少ない単語を丁寧に選んで、逆に描写力を高めます。**

　他の例を見てみましょう。

> **Dream Agentは新たな需要を喚起・創造する企業です。**

和英辞書を引くと次のような訳語が載っています。

　　需要を喚起する　　arouse demand
　　需要を創造する　　create demand

　ここでは「喚起」と「創造」にあまり重大な意味の違いはありません。「新たな需要を喚起します」だけでもよさそうですが、強く読者にアピールしたいと願う書き手は、あまりあっけないと印象が薄いので「喚起」と「創造」を重ねてイメージを強化します。読者はこんな文を読むと「Dream Agentは創造的なことをやっている」という印象を持ちます。英語ではどうでしょう。

　Dream Agent is a company **that arouses and creates** new demand.

　残念ながら、arousesとcreatesの繰り返しは意味がありません。片方削除します。

> **Dream Agent is a company that creates new demand.**

次は、ごくありふれた、コンサートのプロモーション用宣伝文句です。

> この人気歌手のヒット曲を聴く素晴らしい機会です。

This is a **great** opportunity to hear **hit** songs sung by this **popular** singer.

　日本語をそのまま英語にした宣伝文は、実は逆効果！ great、hit、popularを全部使うと、まるで本当は下手な歌手の弁解をしているかのように聞こえます。形容詞をどれか1つだけ残して簡潔にすると、かえって魅力が増し、コンサートに来る人も増えるかもしれませんね。

> This is an opportunity to hear this **popular** singer.
> This is a **great** opportunity to hear this singer.
> This is an opportunity to hear **hit** songs sung by this singer.

Native Speakerのコメント

冗長を嫌う英語の文化と、繰り返しを好む日本の文化

redundancyという言葉があります。「冗長」とか「余分なもの」という意味です。4音節からなるこの単語re-dun-dan-cyを声に出すと、音の繰り返しがリズミカルでちょっと楽しい気がします。しかし、英作文の先生が"there are many redundancies"（同じ言葉や言い回しを何度も繰り返している）とコメントした場合、生徒はあまり良い点数を期待できません。職場で"you are redundant"と上司に言われたら、それはリストラ対象になったことの宣告です。ここでredundantは「余分な人＝余剰人員」を意味します。

英語圏の文化では、繰り返しや、余分なもの、過剰は一般的に好まれません。ところが日本の文化では、繰り返しはそれほど悪いものではなく、逆に良いこととされることに気付きました。例えば、贈り物をするとき、幾重にも美しく包装された品物を相手に渡します。もらった人は、お返しをし、それに対してまたお返しがくることがあります。私は近所の人が、「お返しのお返しのお返し」をするのを目撃したことがあるほどです。とことん相手に失礼のないように、という気遣いの現れでしょうか。「余分」という発想はないようです。

アメリカでの贈り物の習慣はまったく異なります。大切なのは、品物の受け取り方です。相手が一生懸命選んだ品物に対して心から喜びの気持ちを表したら、相手の好意（つまり、贈り物をしたこと）を無にしないよう、お返しはしません。お返しをするとプラスマイナスゼロになり、最初の贈り物の意味がなくなってしまうと考えるからです。ある人が贈り物をし、相手がそれを受け取った時点で、やりとりは完結します。

文章でも、日本語と英語では「冗長」の概念が異なります。仕事で、日本企業のトップの挨拶文を英訳することがあります。社長の挨拶が20行あるとすると、どんなにがんばっても、仕上がりの英訳は、原文の半分の10行にも満たないことがあります。繰り返された表現を削って訳していくと、英文が短くなってしまうのです。日本語では印象を深めるために似た言葉を繰り返しますが、そのまま英語に訳すと読み手を混乱させる文になってしまいます。このように、英語では、ひとつひとつの単語の意味をじっくり考え、表現が重ならないよう慎重に言葉を選びます。

2 重ね言葉に気をつけて

　マラソン中継で「高橋選手は最後のラストスパートに入りました」とアナウンサーが言ったら、これは重ね言葉を使った間違いです。漢字とカタカナが混ざっているので気がつきにくいのですが、「最後」と「ラスト」は同じ意味です。同様に、「資格試験のテスト対策」や「まだ未完成」はすべて重ね言葉です。このような冗長表現は日本語でも気をつけたいものですが、英語を書くときにも意味が重なっていないかチェックしてください。余計な言葉を省くと、文が簡潔になります。

> 布の色は赤です。

The color of the cloth is red.

　日本語では「布の色は赤です」と言っておかしくありませんが、英語ではわざわざ赤に対して「色は」と言う必要はありません。伝えたいことのエッセンスはこれだけです。

> The cloth is red.

> このドレスはサイズが小さすぎる。

This dress is too small in size.

　「小さい」がサイズに関することは当たり前。したがって、in size は必要ありません。

> This dress is too small.

> 市場の規模は巨大だ。

The scale of the market is huge.

　hugeは「規模が大きい」ことを表す形容詞です。「規模」を意味するscaleは必要ありません。

> **The market is huge.**

3 省いたほうがよい言葉

　学生時代に使った文法の教科書には、「どうしてこんなに複雑な言い方をわざわざ教えるのだろう」と思わせる例文がたくさん載っています。特に、関係代名詞や仮主語itを用いた文でこの傾向が顕著です。使わないほうが簡潔で美しくなる例を挙げます。

仮主語のit

　主部が非常に長い場合、仮主語のitを使うと、頭でっかちの文を避けることができます。しかし、文頭でスポットライトが当たっているのは、退屈なitという単語で、itが何を指しているかは文を読み進めないと判明しません。短い文の場合は、itを使わないで書くほうが、たいてい簡潔で良い文になります。

> 私たちが会議に行くのは明日です。

It is tomorrow when we are going to the conference.

　これを書いた人は「明日」を強調しているつもりかもしれませんが、実は何も強調されていません。主語をweに変えたほうが、情報はダイレクトに伝わります。

> **We** are going to the conference tomorrow.

> 手伝ってくれるのはグリーン氏です。

It is Mr. Green who will help us.

　何が言いたいのでしょうか？ グリーンさんが助けてくれます。なるほど。

それならitではなくMr. Greenを主語にしたほうがよくわかります。

> Mr. Green will help us.
> Mr. Green is going to help us.

2つの代替案のどちらかを選ぶのは、私たちには不可能です。

It is impossible for us to choose between the two alternatives.

「不可能」という単語を見ると直ちにimpossibleが思い浮かぶかもしれません。しかし「不可能＝impossible」という直訳の発想から解き放たれると、「私たちは〜できない」というごく簡単な表現に言い換えることができます。itを削除し「私たち」を主語にすると、直接的でダイナミックな文に変身です。

> We cannot choose between the two alternatives.

脳には1000億個もの神経細胞があると考えられています。

It is thought that there are as many as 100 billion nerve cells in the brain.

この文では、"It is thought that there are"の冒頭部分からは、ほとんど何の情報も得られません。仮主語のitを使うと、このように文の出だしが弱くなるという欠点があります。短い文の場合は、書き直すと読みやすくなります。

> The brain is thought to have as many as 100 billion nerve cells.

関係代名詞

　関係代名詞which／who＋動詞beの組み合わせが入った文を書いたら、which／who＋beの部分を指で隠してみてください。隠したまま、読み返してみます。意味がはっきりわかるなら、関係代名詞は必要ありません。余計な言葉を削除すると良い文になります。

> 昨日の夜ここにいた若い女性は、私の親友です。

The young lady **who was** here last night was my best friend.

The young lady here last night was my best friend.

> あそこでラーメンを食べている男の子は、うちの近所の子です。

The boy **who is** eating ramen over there is my neighbor.

The boy eating ramen over there is my neighbor.

> スティーブン・キングの書いた小説は全部読みました。

I've read all the novels **which were** written by Stephen King.

I've read all the novels written by Stephen King.

関係代名詞which/who＋動詞haveの組み合わせを使った文を書いたら、which／who＋haveの部分を前置詞withに変えてみてください。意味が変わらなければwithのほうが簡潔です。

あの長い黒髪の女の子が、私の娘です。

The girl **who has** long black hair is my daughter.

The girl with long black hair is my daughter.

ピンが20本のICが必要だ。

We need an IC **which has** 20 pins.

We need an IC with 20 pins.

4　繰り返される単語は省略できる

　漢字は表意文字なので、たった1文字で、表音文字のアルファベットとは比べ物にならないほど多くの情報量を伝えることができます。逆に、例えば次の文の「業」を英語で表すためには、アルファベットを8個組み合わせてbusinessやindustryとしなくてはなりません。

> パート社員の比率が高いのは、卸売業、小売業、およびレストラン業です。

　The proportion of part-timers is high in wholesale **business**, retail **business**, and restaurant **business**.

　日本語では1文字なので、「業」が3回繰り返されてもまったく気になりません。しかし「業」を全部英語にすると、business、business、businessと3つ繰り返され、とてもしつこく感じます。英語は同じ語の繰り返しを嫌う傾向が強いので、まとめてbusinessesとします。

> The proportion of part-timers is high in wholesale, retail, and restaurant **businesses**.

　また、数字の単位を表す単語は誤解がないときは省略できます。例えば下記で、6000 unitsに続いて使われている2000は台数（units）を指していることははっきりわかります。このようなときはunitsを省略してかまいません。

> バイクの生産台数は、先月2000台に対し、今月は6000台であった。

　The production of motorcycles was 6000 **units** this month, as compared to 2000 <u>**units**</u> last month.
　　　　　　　　　　　（省略できる）

> The production of motorcycles was 6000 **units** this month, as compared to 2000 last month.

同様に、同じ動詞が繰り返されるときは省略すると簡潔で良い文になります。

> 安全委員会では、本間さんが委員長に、関根さんが事務局長に任命された。

In the Security Committee, Ms. Honma **was appointed** chair, and Mr. Sekine <u>**was appointed**</u> secretary-general.
（省略できる）

> In the Security Committee, Ms. Honma **was appointed** chair, and Mr. Sekine secretary-general.

> ジミー・カーターは1977年から1981年までアメリカ合衆国大統領でした。ロナルド・レーガンは1981年から1989年までアメリカ合衆国大統領でした。

Jimmy Carter **was U.S. president** from 1977 to 1981, and Ronald Reagan <u>**was U.S. president**</u> from 1981 to 1989.
（省略できる）

> Jimmy Carter was U.S. president from 1977 to 1981, and Ronald Reagan from 1981 to 1989.

English You Can Use Today

ハイフンで作る便利な形容詞

　ハイフンで複数の単語をつなげて形容詞を作ることができます。このような形容詞を使うと、言いたいことを短く表現できるので、引き締まった文を書きたいときには便利です。

　次の例を見てみましょう。

ボストンに本社を構えるABC Inc.

　関係代名詞を使って表現できます。しかしこの章で説明したようにwhich is、which hasは削除できます。

> ABC Inc. **which is** headquartered in Boston
> 　→ ABC Inc. headquartered in Boston
>
> ABC Inc. **which has** headquarters in Boston
> 　→ ABC Inc. with headquarters in Boston

　ハイフンを使って形容詞を作るとこんなに短くできます。

> **Boston-headquartered** ABC Inc.
> **Boston-based** ABC Inc.

　次は、覚えておくと便利な、ハイフンを使った形容詞です。

> –sensitive 　〜による影響を受けやすい
> 　　　heat-sensitive components　　熱による影響を受けやすい（熱に弱い）部品
> 　　　price-sensitive consumers　　価格に敏感な消費者

–oriented　〜志向（指向）の、〜本位の、〜を重視した

  family-oriented program　家族向けのプログラム
  market-oriented society　市場志向の社会
  patient-oriented care　患者志向のケア

–resistant　〜に耐性のある、〜に耐える

  rust-resistant glass　防錆ガラス
  heat-resistant bacteria　耐熱性菌

–proof　〜を通さない、防〜

  tamper-proof packaging　不正開封防止包装（食品などで、包装を破るとわかるようにしたもの）

  earthquake-proof construction　耐震構造

–based　〜を基盤にした、〜を拠点とする

  Web-based broadcasting company　インターネットを使った放送局
  Seattle-based coffee shops　シアトルに拠点を置いたコーヒーショップ

–friendly　〜に優しい、〜にとり親しみやすい

  user-friendly computer　ユーザーにとり使いやすいコンピュータ
  eco-friendly product　自然環境に優しい製品

EXERCISES

次の問題を解いてみましょう。

次の文を英語にしてみましょう。

1 新しいデジカメの色はピンクです。

___

2 その傷は顕微鏡で見るほど小さいサイズです。

___

削除できる言葉はどれでしょう？ 簡潔な文に書き換えてください。

3 We must check and verify the results.

___

4 The man who has a green car is the man who hit the light pole.

___

5 Momoya Parlor sold 150 ice cream cones last week, while Izumi Shop sold 300 ice cream cones.

___

解答例

1 日本語をそのまま英語にするとthe color ofとなります。
The color of the new digital camera is pink.
しかし、the color ofは必要ありません。
↓
The new digital camera is pink.

2 日本語をそのまま英語にすると長い文になります。
The scratch is so small you'd have to look at it with a microscope.
しかし、「顕微鏡で見るほど小さい」はmicroscopic一言で表現できます。
The scratch is microscopic in size.
in size も必要ありません。
↓
The scratch is microscopic.

3 We must **check and verify** the results. （結果を確認し検証する必要がある）
「確認」も「検証」も同じような意味です。どちらかひとつにしましょう。
↓
We must **verify** the results.
We must **check** the results.

4 The man **who has** a green car is the man who hit the light pole.
（緑の車を持っているあの男性が、電柱にぶつけました）
関係代名詞who has は withに変えられます。後半部のis the man whoも省略できます。
　The man **with** the green car hit the light pole.
the one を使うと「電柱にぶつけたその人です」と強調する言い方になります。
　The man with the green car is **the one** who hit the light pole.

5 Momoya Parlor sold 150 ice cream cones last week, while Izumi Shop sold 300 **ice cream cones**.
（先週、桃屋パーラーはアイスクリームコーンを150個販売し、泉ショップは300個販売した）
数字300の単位がconesであることは自明なので省略できます。
Momoya Parlor sold 150 ice cream cones last week, while Izumi Shop sold 300.
300は150のちょうど2倍なので300の代わりにtwice as manyで表現することもできます。
Momoya Parlor sold 150 ice cream cones last week, while Izumi Shop sold **twice as many**.

CHAPTER 11

和製英語には要注意
――「カタカナ語」から「本物」へ

- カタカナ動詞は誤解の温床
- カタカナ名詞も使い方に注意

カタカナ語は日本流にアレンジした言葉

　英語を書くとき、「カタカナ語は日本語であり英語ではない」としっかり意識してください。カタカナ語を安易に使うと大変な間違いにつながることがあります。試しに、カタカナ語をそのまま同じ音の英単語に置き換えて文を作ってみると、次のようになります。

> マイホームのリフォームを始めるため、彼らは必要なものをリストアップしている。

> ☹ They're listing up the things they need so they can get started on the reforms to their my home.

　残念ながら、この英文は意味不明です。カタカナ語は、英単語を日本語に取り込んだとき、独自の意味をつけ加えて日本人用に作り変えた造語です。上の文で使っているカタカナ語をひとつひとつ見てみましょう。

　マイホーム：日本語の意味は、「アパートや貸家ではなく、個人が所有する家」です。「念願のマイホーム」は「念願の持ち家」より素敵な

響きです。しかし、英語のmy homeは「私の家」の意味ですから、「their my home＝彼らの私の家」は間違いです。

リフォーム：日本語の意味は、「作り直す、改装する」です。英語では家のリフォームならremodel、洋服のリフォームならalter、remakeを使います。動詞のreformは、良くないものを改革したり、罪を犯した人を更正させたりすることです。reformは家や衣服と組み合わせては使えません。

リストアップ：日本語の意味は、「一覧表を作成する」です。「リストアップ」は広く使われていますが、list upという英語は存在しません。「一覧表を作成する」はmake a list ofまたはlistとします。

正しい英語は次のようになります。

> They are **making a list of** the things they need to begin **remodeling their house**.

この章では、いろいろな例を挙げながら、カタカナ語と本物の英語はまったく別物であることを説明します。**英語を書くときにはカタカナ語に安易に頼ることなく、カタカナ語の意味を日本語で考えてから辞書を引きましょう**。それだけで、多くの問題を避けることができます。

1　カタカナ動詞は誤解の温床

　カタカナ語を英語でそのまま使ったとき、最も「意味が違う」という印象を与えるのが動詞です。日本語では、名詞に「〜する」をつけると簡単に動詞を作ることができます。そのため、「カタカナ語＋する」という形の表現がたくさんあります。ここでは、カタカナ動詞が、英語を書くときに悪い影響を及ぼす例をいくつか紹介しましょう。はやり言葉もあれば、しっかりと日本語に根づいている言葉もあります。

チャレンジする

　英語の名詞 a challenge は、「挑戦」または「能力や力量を試される難問・課題」の意味で、挑戦に値するものを指します。そのため、私たちは「チャレンジする」というカタカナ動詞を「挑戦する」と同義で使っています。そして「××にチャレンジする」を英語にするとき、そのまま"challenge ××"と書いてしまいます。しかし、動詞の challenge は、名詞として使う場合とは意味も用法も異なります。

動詞 challenge の代表的な意味

(1) （論戦、試合、決闘を）申し込む（この意味では、主に人が目的語になります）
(2) 異議をとなえる、争う

　例えば、カタカナ動詞の「チャレンジする」をそのまま〈challenge ＋目的語〉の形で使うと、奇妙な英語になり通じません。

> 私はホノルル・マラソンに**チャレンジしたい**と思います。
>
> 　☹ I want to **challenge** the Honolulu Marathon.
> 　　私はホノルル・マラソンに**試合を申し込みたい**と思います。

　正しくは、「私はホノルル・マラソンで完走したいと思います」です。

> I want to **try and complete** the Honolulu Marathon.
> I want to **attempt to complete** the Honolulu Marathon.

「挑戦する」の気持ちは、tryやattemptを使うことで十分に表現できます。

ビジネスの場では、相手の考えや申し出を積極的に受け入れ精一杯努力する、という意味合いで「チャレンジする」を使うことがあります。こんなときは、要注意！

いただいた販売促進のアイデアにチャレンジしたいと思います。

☹ We would like to **challenge** your idea for a sales promotion.
いただいた販売促進のご提案に異議があります。

正しくは、「いただいた販売促進のご提案をなんとか試してみたいと思います」ということです。

> We would like to **try out** your idea for a sales promotion.

このように動詞challengeは使い方を誤ると、最悪の場合、自分の意図とまったく正反対の意味に解釈されてしまいます。いらぬ誤解を生まないよう細心の注意が必要です。

アピールする

「アピールする」も「チャレンジする」と同様の問題を抱えています。特に、日本語では「魅力を訴える」、「興味を起こさせる」という意味で「××をアピールする」と言います。しかし英語で同じように "appeal ××" と書く（つまり、××を目的語とする他動詞として使う）と、文法の間違った文になります。

わが社の環境活動を世間にアピールしよう。

☹ Let's **appeal our environmental activities** to the public.
（文法的に間違い）

このアピールは、「世間に広く知らしめよう」ということを意味していると言えます。

> Let's **call public attention** to our environmental activities.

首相は改革への熱意をアピールした。

☹ The Prime Minister **appealed** his enthusiasms for the reform.　　　　　　　　　　　　　　（文法的に間違い）

言い換えれば、「熱意を強調した」ということです。

> The Prime Minister **emphasized** his enthusiasm for the reform.

アタックする

「アタックする」は日本語では、人に「働きかける」の意味で使われます。しかし英語の動詞attackは、人や組織を目的語にすると「攻撃する」という意味になります。

例えば、ある会社から仕事をとりたいとき、売り込みに行くことを「アタックする」と表現します。

ABC社にアタックします。（→ 売り込みに行きます）

☹ I'm going to **attack** ABC Co.
　ABC社を**攻撃**します。

これでは、テロリストになってしまいます。「アタックする」という俗語を使わないで、「働きかける」、「売り込みに行く」で辞書を引けば、このような間違いを犯すことはありません。

> I'm going to **make a pitch to** ABC Co.
> I'm going to **approach** ABC Co.

サービスする

「無料で、安く」という意味で「サービスする」を使うことがあります。しかし、serviceには「値段を下げる、ただで何かを提供する」の意味はありません。

サービスいたします。

☹ I will give you service.

このような表現はしません。

> 300円サービスします。（→割引します）
> I will give you **a discount of** 300 yen.
>
> お買い求めのお客様全員に、見本品をサービスいたします。
> （→無料で進呈します）
> Customers will receive **free samples** with each purchase.

～アップする

この章の冒頭で紹介した「リストアップ」の仲間は他にもたくさんいます。「パワーアップ、スキルアップ、グレードアップ、レベルアップ」などです。これらのカタカナ語は、いったんカタカナを使わないで考えてから、英語の表現を選びましょう。文脈により、improve（良くする）、upgrade（格を上げる）などの動詞が使えます。

春の新型モデルではエンジンが**パワーアップ**されています。
(→より強力になっています)
The new spring model has an engine that is **more powerful than before**.

スキルアップするため専門学校に通っています。(→技能を高めるため)
I'm going to a professional school to **improve my skills**.

今回のホテル改装にあたり、客室設備を**グレードアップします**。
(→格を上げる)
As a part of remodeling the hotel, we will be **upgrading** our guest facilities.

環境技術の**レベルアップ**を目的として活動しています。
(→向上する)
Our activities are aimed at **improving** environmental technology.

　上記の例ではupは使えません。しかし「ヒートアップ、ラインナップ」は、英語でも同じように使えます。

試合が始まる1時間前には雰囲気が**ヒートアップ**し始めた。
(→熱気を帯び始めた)
The atmosphere began to **heat up** an hour before the game began.

自動車メーカーでは2008年の新モデルを**ラインナップ**している。
(→取り揃えている)
Carmakers have new models **lined up** for the year 2008.

～ダウンする

「アップする」でupが使えないのと同様、「ダウンする」でdownがそのまま使えることはあまりありません。

> その会社は**コストダウン**に努めました。（→経費を削減する）
> The company made efforts to **reduce [cut] costs**.
>
> セール期間中、全商品を大幅に**プライスダウン**します。（→値引きする）
> All products will be greatly **discounted** during the sale.
> We will **slash the prices** of all products for the sale.
> **Prices** will be drastically **reduced** during the sale.
>
> 不祥事は企業の**イメージダウン**につながります。（→印象を悪くする）
> Scandals can badly **damage the images** of corporations.

メールする

パソコンや携帯電話の普及で、「メールする」という言葉が、「電子メールを送る」の意味で広く使われるようになっています。しかし英語の動詞mailは郵便局を通して「郵送する」ことを指します。「電子メールを送る」と言いたいときにはe-mailを使います。

> ガールフレンドにパーティについて**メールした**。
> I **e-mailed** my girlfriend about the party.

携帯電話で送るメールはtext（message）と言います。textは名詞ですが、最近では動詞へと進化しています。

> 彼女は私に**携帯メール**を送った。
> She sent me **a text message**. （名詞としての使い方）
>
> 母は私の**携帯電話**に買い物リストを**メール**した。
> My mother **texted** a grocery list to my cell phone.
> （動詞としての使い方）

　関連した言葉に「アドレス」があります。日本語では「アドレス」というと電子メールのアドレスを指します。しかしaddressのみでは単に「住所」の意味しかありません。PCや携帯電話で使うアドレスのときは、e-mail addressと書きます。

ゲットする

　「ゲットする」に限って言えば、日本語での使い方は元の英語の意味「手に入れる」に近いと言えます。しかし「ゲットする」という俗語表現には、平凡な英単語getでは表現しきれない強い意味が含まれています。「どんどん応募して、素敵な景品をゲットしよう！」 このような、華やかなキャッチコピーに使うときは、getより迫力のある動詞を選ぶと英語が生き生きします。

> どんどん応募して、海外旅行を**ゲット**しよう。（→当てる、獲得する）
> Enter the contest to **win** a trip overseas!
>
> このプレゼントで本命の彼を**ゲット**しよう！
> （→心をつかむ、とりこにする）
> Use this present to **win over** [thrill/amaze] the boy of your dreams!

スリム化する

　日本語は便利で、いろいろな言葉に「〜化」をつけることができます。特に、英語の -ize を日本語にするとき、「computerize → コンピュータ化する」、「digitize → デジタル化する」、「globalize → グローバル化する」といった具合に、「化」によって新しい概念を表現します。しかし、「合理化する、縮小する」の意味で使われる「スリム化」は、英語のslimとはまったく関係ありません。

経営を**スリム化する**必要がある。
We have to **streamline** our business process.

会社が組織を**スリム化する**。
The company is going **to restructure** [**downsize**] its organization.

政府の規模を大幅に**スリム化する**必要がある。
We need a **much smaller** government.

"Native" の本当の意味

Native Speakerのコメント

　日本語では、ある言語を母語とする人のことを「ネイティブ」と呼びます。しかしnativeという言葉は「どこそこの出身＝native of (国・地域名)」、あるいは「現地人」という意味です。日本で、ネイティブと呼ばれる人の多くは外国人であることを考えると、英語のnativeはまったく反対の意味を表しています。アメリカ人にとっては、nativeは北アメリカ大陸の先住民族であるNative Americanを意味します。日本で暮らしていて「ネイティブ」と呼ばれると、アメリカン・インディアンを連想します。私自身はアメリカのカリフォルニア州出身なので、native Californianと呼ばれるのはOKです。しかし、native Californianという言葉は、どんな言語を話しているかには関係ありません。nativeにspeakerを足すと、単に「native speaker＝母国語を話す人」になるので、その人の母国語が何であるかをどこかで示さなくてはなりません。例えばEnglishを足して、native speaker of Englishとします。これでやっと「英語を第一言語とする人」という意味になります。

　人の素性にかかわる言葉は、慎重な気遣いがあるとコミュニケーションがうまくいきます。国際化が進んだ日本では大切なことだと思います。

2　カタカナ名詞も使い方に注意

　カタカナ動詞同様、多くのカタカナ名詞も元の英語とは異なる使い方をされています。ここでは、日常用語で特に気になるカタカナ名詞を選び、英語で表現する例を紹介します。これ以外にも、そのまま英語にできないカタカナ語はたくさんあります。

トラブル

trouble の意味　「心配、悩み、困難」（漠然と問題のある状況を示します）

　日本語の「トラブル」が、あるはっきりした「問題」を指している場合には、具体的な問題、故障、障害を指す problem を使うのが適切です。

> コンピュータの**トラブル**で作業が遅れています。
> We had a **computer problem**, and work has been delayed.

　特に、trouble を複数形 troubles で使うと「揉め事、厄介なこと」という意味になるので注意が必要です。次のような「トラブル」では troubles ではなく problems を使います。

> お肌のトラブル　　skin **problems**
> 機械のトラブル　　machinery **problems**

チャンス

chance の意味　(1)「偶然、運」　(2)「可能性、見込み」　(3)「機会」

　日本語で「チャンス」を使うときは、たいてい、「良い機会」の意味で使われています。そのまま英語でも chance と書きたくなります。しかし、英語の chance は必ずしも「良い機会」だけを指すのではなく、悪いことにも使いま

す。また、chanceは「偶然」や「可能性」の意味でも頻繁に使われます。

彼らは**偶然**知り合った。
They met **by chance**.

電車に乗り遅れる**可能性**があります。
There is **a chance** we will miss the train.

日本語の「チャンス（＝良い機会）」に近い意味の英語はopportunityです。

職を得る**チャンス**かもしれない。
This might be an **opportunity** to get a job.

その会議は、同僚とアイデアを交換し合う良い**チャンス**だ。
The meeting provides an **opportunity** to exchange ideas with colleagues.

コラボレーション

collaborationの意味　「共同作業、合作、協働」

「コラボレーション」はおおむね英語と同じく、複数の人や会社が一緒に何かをすることに使われています。しかし、collaborationはかなり大げさな言葉で、規模の大きいイベントや出来事のときに使います。

この本は友人２人による合作です。
This book is a **collaboration** between two friends.（大げさ）

The two friends wrote the book **together**.

このプロジェクトは２社の共同作業です。
The project was a **collaboration** between our two companies.
（大げさではない）

ジャンル

genreの意味　「芸術作品の類型、形式、様式、ジャンル、種類」

　genreは書物、映画、絵画などの芸術作品の分類に使います。ごく普通の品物や情報の「種類、分類」を表すときにはtypeやcategoryを使います。

> 好きな着メロの**ジャンル**
> my favorite **type** of ring tone
>
> 求人情報は**ジャンル別**に仕事を紹介しています。
> Help wanted ads list jobs **by category**.

コンテンツ

contentsの意味　〈容器の〉内容、中身

　複数形のcontentsは「何か入れ物に入っていて、中身が特定できないもの」に対して使います。

このトランクの中身は何ですか。

What are the **contents** of this trunk?

この質問に対しては次のように具体的に答えます。

It is full of old clothes. （古着が詰まっています）

It contains all the papers I wrote in college.
（大学生のときに書いたレポートが入っています）

contentの意味（単数で使うとき）　〈文書、書物の〉内容、中身

　単数形のcontentは「情報としての内容や中身」に対して使います。カタカナ語の「コンテンツ」は主にIT関連の情報を意味するので、対応する英語はcontentです。問題なのは、「コンテンツ」の発音につられて、英語でcontentsと書いてしまうことです。

彼はウェブ・コンテンツ・デザイナーです。

☹ He is a web **contents** designer.

「ウェブ・コンテンツ」は、ウェブ上の情報なので正しい言葉はweb contentです。

> He is a web **content** designer.

「コンテンツ」はcontent以外に、いろいろな言葉で表現できます。

> このブログのコンテンツを自由にお使いください。
> Feel free to use the **photographs and postings** in this blog.
> (コンテンツをより具体的な「写真と投稿」で表現)
>
> コンテンツ管理システム
> **data** management system
> (コンテンツの代わりに「データ」で表現)

英文ライティングでは、くれぐれも「カタカナ語は英語ではない」ということを忘れないようにしましょう。安易にカタカナ語を使わず、漢語や和語の表現でアイデアを練ることが大切です。

EXERCISES

次の問題を解いてみましょう。

1 空欄にchallengeが正しく入るのはどちらの文ですか。

Ⓐ Making a presentation in English will be a (　　) for her.
Ⓑ He is going to (　　) a TOEIC score of 850 by next summer.

2 空欄に、日本語文で使われているカタカナ語に対応する適切な英単語を入れましょう。1語とは限りません。

① 彼女のアドレスをゲットした！　これから携帯メールを送ろう。
I managed to get her (　　)! I'm going to send her (　　).

② US市場向けのマニュアルを作成するためにネイティブが必要だ。
We need (　　) to prepare a manual for the US market.

③ 社内のトラブルのせいで全員残業になりました。
Everyone had to work overtime because of an in-house (　　).

④ 彼らは人事異動をコストダウンのチャンスと見ています。
They consider personnel changes to be an (　　) to (　　).

⑤ この講座のコンテンツについてご説明いたします。
Let me explain the (　　) of this class.

解答例

1 Ⓐでchallenge を使うのが正しい。

Ⓐ Making a presentation in English will be a (**challenge**) for her.
「英語でプレゼンをすることは彼女にとって大きな課題(チャレンジ)になるでしょう」
名詞のchallenge は「難題、能力や力量を試される課題」の意味で使えます。

Ⓑ He is going to (**try to get/achieve**) a TOEIC score of 850 by next summer.
「彼は、来年の夏までにTOEIC 850点獲得に挑戦(チャレンジ)するつもりだ」
この文で動詞のchallengeは使えません。「挑戦する」は"try to"で表現します。

2 ① I managed to get her (**e-mail address**)! I'm going to send her (**a text message**).
「ゲットした」に使われているmanaged to getは「やっと手に入れた」というニュアンスです。
アドレス:PCや携帯のアドレスのときはe-mail addressにします。
携帯メール:a text message(an e-mailも使えます)

② We need (**a native English speaker**) to prepare a manual for the US market.
ネイティブ:a native English speakerまたはa native speaker of Englishを使います。

③ Everyone had to work overtime because of an in-house (**problem**).
トラブル:問題が具体的である場合にはproblemが適切です。

④ They consider personnel changes to be an (**opportunity**) to (**cut costs**).
チャンス:良い機会を表すときはopportunityが適切です。
コストダウン:cut costs以外に、trim costs、reduce costsなどが使えます。

⑤ Let me explain the (**content**) of this class.
コンテンツ:講座の内容を表すときにはcontentsではなくcontentを使います。

PART 3

センテンスから
まとまった文章へ

本書では、パート1では英語のセンテンスを構成する方法、パート2ではアイデアを英語らしく表現するコツについて述べました。パート3では、いよいよエッセイ、手紙、Eメールなど長い文を書く方法を学びます。英語にはパラグラフ（paragraph）という文章を構成する単位があり、エッセイを書くときはもちろんですが、手紙やEメールを書くときでも、パラグラフを単位に考えをまとめます。パート3ではまず英語の文章の基本構成を学び、それからエッセイ、手紙、Eメールの書き方について説明します。

CHAPTER 12

英文はとにかく「結論が先」

——「起承転結」から抜け出そう

- 「起承転結」から、「結論が先」へ
- 起承転結のエッセイ
- 結論が先のエッセイ

Come straight to the point（結論が先）vs. Beat around the bush（遠回し）

　欧米人のコミュニケーション・スタイルを描写するのに"come straight to the point"という言い方をすることがあります。日本語に訳せば、「単刀直入に言う」、「いきなり要点を言う」、「本論に直接入る」という意味です。これに対して、日本人のコミュニケーション・スタイルは「以心伝心」、「あ・うんの呼吸」と表現されるように、その場の雰囲気や人間関係を重視するため、あいまいさを許したり、要点を後回しにしたりする傾向があります。日本人同士ならば特に問題は起きませんが、"come straight to the point"のコミュニケーション・スタイルに慣れている人にとっては、要点を先に述べない文章や話は"beat around the bush"の印象を与えます。これは、「茂みを叩いて回って隠れている獲物を追い出す」という意味の慣用句で、周りから攻めていって最後に欲しいものを得る行為、つまり「遠回しに言う」ことを表現しています。ライティングはコミュニケーション手段のひとつですが、このような文化によるコミュニケーション・スタイルの違いが日英の文章作法にも大きな影響を与えています。

Come straight to the point！
回り道しないで要点に直行！

1 「起承転結」から、「結論が先」へ

　コミュニケーション・スタイルの違いにより、日本語と英語では文章の書き方も異なります。ライティングとは「いかに書くか」ではなく、「いかに考えをまとめるか」という、紙や鉛筆、あるいはワープロを使う以前の頭の中のプロセスに深くかかわっています。考えをまとめる方法を日本語と英語で比較してみると、日本語の文章は「起承転結」で構成されたものが多く、英語の文章は「結論が先」を特徴としています。つまり英語では、要点をズバリと最初に述べる come straight to the point のスタイルをとります。

　起承転結は漢詩の一形式「絶句」の構成を指す言葉ですが、日本語では物語や新聞の論説記事、はては4コマ漫画にまで使われています。起承転結では、最初の「起」が導入部となり物語の登場人物や背景を紹介します。「承」では、紹介された話題を受け継いで展開させます。「転」は文章の転機、つまり変わり目や曲がり角と呼べるもので、新たな見方を提示します。最後に「結」で結論が述べられます。

〈日本語のスタイル〉
　　起（導入）
　　承（継承）
　　転（転機）
　　結（結論）

　これに対して、英語のエッセイには「序論 → 本論 → 結論」という構成があり、英語圏で教育を受けた人たちは、小学校の頃から繰り返しこの文章作法を学びます。「序論」は文章の主題、つまり要点（point）を述べる部分ですが、日本語の「起」とは異なり、結論を要約するステートメントを含みます。「本論」では、主題とその結論を裏付ける内容となる理由、根拠、事例、データを展開します。最後に「結論」となる要点を繰り返します。この間、主旨があくまで一貫して論理的であることが重要視されます。

〈英語のスタイル〉

序論（Point ＝主題・要点の紹介）
本論（Reasons, examples, other content
　　　＝理由、根拠、他の内容）
結論（Point ＝主題・要点のまとめ）

　この２つの文章作法の最大の違いは、結論の扱いです。文章を書くためには、最初に考えをまとめなければなりません。このとき、日本人は、日本語で身についた起承転結の方法で考えをまとめるのに慣れています。例えば手紙を書くときは、時候の挨拶で始まり、用件を述べる文を後半に置くのが伝統的スタイルです。手紙以外の報告書やビジネス文書でも、「起」の部分で、書こうとする主題の背景や事情を説明し、一番言いたいこと、最も大事なことを「結」として最後に述べることがあります。英語の文章では、結論を最後に述べる構成をとると、問題が生じます。英語の文章は、要点を真っ先に述べてから主題を展開するので、これに慣れた英語圏の読者は、文章の冒頭でその全貌を予想します。これから読む文章の主題と、それに対して筆者がどのような立場に立っているのかを最初に知ろうとするのです。冒頭でテーマがはっきりせず前置きが長いと、英語圏の読者は予想を裏切られ、「いったい筆者は何を言いたいのか」といらいらしたり、「結論は何だ」と疑問に思ったりします。

　さらに、英語では主旨が首尾一貫していることが求められます。つまり、文頭で要点を述べた（come straight to the point）あとは、その要点からそれないで（stick to the point）論旨を展開することが大切です。起承転結の構成で英文を書くと、「転」の部分がわき道へそれたように映るか、もしくは主題からの逸脱や非論理性、または自己矛盾とみなされます。

　日本人が英文を書く際には、英語の文章構成を学び、考えをそのパターンに沿ってまとめることが大切です。いくら文法的には完璧でも、結論があいまいであったり、矛盾があったり、論理的でなかったりする文章は理解してもらえません。反対に、英語圏の人々が慣れ親しんだパターンに沿って考えをまとめ、彼らが予想する構成でアイデアを提示すれば、英語はそんなに上手くなくても意図はよく伝わります。

Native Speakerのコメント

最初から最後までテーマに忠実に

英文ライティングの教師として、学生に対して次の質問を何度も何度も繰り返してきました。「**あなたが言いたいことは何ですか？**」すべての書くという行為には目的があります。そして書き手は、文を書き始める前に、自分の目的が何であるかをはっきりさせる必要があります。いったんテーマを決めたら、その**テーマから決してそれないようにします（stick to the point）**。

とは言っても、「どんな問題点にも必ず2つの面がある」と言われて育った心優しい人は、「転」の意見を書きたい誘惑にかられ、いつの間にか書いてしまうことがあります。こんなときのため、必ず自分の書いた英文を読み返してください。そして自分に問いかけます。「私が書いた文はすべて、自分のテーマに沿っているか？ 自分が言いたいことをサポートしているか？」このような視点で見て、テーマと関係ない文が見つかったら削除します。友達に手紙を書くときや、夕飯を囲んで家族とおしゃべりするときならば、何でも好きなことを好きなように書いたり、しゃべったりしてかまいません。しかしエッセイやレポートを書くときは、そうではありません。常にテーマ（結論）を持ち、それに沿った文章を書かなくてはなりません。

私のライティングでのrule of thumb（経験則）は次のようなものです。「エッセイやパラグラフを読むとき、何度も最初に戻って読み返さないと要点が理解できない文章は、何かがおかしい」。本章に掲載した、DVDを見ることについての最初のエッセイ（194ページ）は、「転」の要素を含んでいます。英語ではやってはならないことを示す例です。このエッセイを初めて読んだとき、私は理解できるまで何回も読み返しました。しかし「転」の意見が入った文を取り除いたあとは、1回読んだだけで、意図をはっきり理解することができました。

2 起承転結のエッセイ

　ここまで読んで、「そうは言っても、起承転結の作文方法なんて習っていない」と思う人がいるかもしれません。そこで、実際にどのような文章が起承転結とみなされ、どのように書き換えれば英語らしくなるかを考えてみます。

　ここで示す短いエッセイは、下記の設問に答えて書かれたものです。これはオピニオン・エッセイ（206ページ参照）と呼ばれるもので、このようなエッセイでは、自分の意見をはっきりと論理的に提示することが求められます。

テーマ

> **Which do you prefer—watching movies on DVD or going to a theater?**
> 「映画は、レンタルDVDで見るのと、映画館で見るのとどちらが好きですか」

エッセイ（起承転結タイプ）

> (1) When I watch a rental movie at home, I sit on my favorite couch, wearing pajamas. (2) A DVD is good; I can stop it to go to the bathroom, or watch a scene again. **(3) Of course, it's sometimes better to watch a movie in a theater. (4) A movie like "Star Wars" is better watched in a theater because of its big screen and great sound effects.** (5) However, a DVD rental shop offers a variety of movies that I can rent any time. (6) I like watching movies on DVD at home because I can feel relaxed.

日本語訳　(1) 家でDVDを借りて映画を見るときは、パジャマを着て大好きなソファに座って見ます。(2) DVDはいいです。トイレに行きたいときは止めることもできるし、もう一度ある場面を見ることもできます。(3) **もちろん、時には映画館のほうがよいこともあります。(4)「スター・ウォーズ」のような映画は、大画面で音響効果の優れた映画館で見るほうがいいです。**(5) でも、DVDレンタル店では、いろいろな映画をいつでも好きなときに借りることができます。(6) 私はリラックスできるので、DVDを借りて家で映画を見るほうが好きです。

　日本語訳を読むと、特に問題ないように感じます。しかし、これは基本的に起承転結のフォーマットで書かれています。

　筆者は(1)で自分の状況を説明し（「起」）、(2)でその内容を展開させています（「承」）。家でDVDを借りて映画を見るほうがよいということをテーマにエッセイを書き始めたことがわかります。しかし(3)と(4)の文では自分の主張と反対のことを述べています。これが英語のエッセイで問題とされる「転」の部分です。

　日本語のエッセイを書くときには、あらゆる面から物事をバランスよく捉え、他の見方もあることを紹介してから自説を展開することは良いことだとされています。しかし、英語では「どちらが好き」という質問に対して、「DVDを見るほうが好き」というテーマを選ぶならば、反対意見と解釈される「転」の文章を入れないようにします。「スター・ウォーズなら本当は映画館で見るほうがよい」と思っていても、それは自分の結論に反する内容なので、あえて書かない選択をします。自説（テーマ）に反する内容が含まれている文は、英語の読者には自己矛盾と思われるからです。このエッセイでは(5)で自分の主張に戻り、最後の文(6)でエッセイのテーマを要約しています（「結」）。このような構成を本書では「起承転結」と呼んでいます。

　このエッセイを英語らしい構成にするには、どのように書き換えればいいのでしょうか？　その方法について、次節で説明します。

3　結論が先のエッセイ

　それでは、このエッセイを「結論が先」の構成に直してみましょう。簡単にできます。まず、自分の立場を表明する文である(6)を先頭に持ってきます。それから「転」の文である(3)と(4)を削除します。最後に再度自分の結論を提示します。

書き直したエッセイ（結論が先）

> **I like watching movies on DVD at home because I can feel relaxed.** When I watch a rental movie at home, I sit on my favorite couch, wearing pajamas. A DVD is good; I can stop it to go to the bathroom, or watch a scene again. A DVD rental shop offers a variety of movies that I can rent any time. Watching DVDs at home is better than going to a theater.

　「転」の文を削除し、「結論」を冒頭に置くことで、主旨が一貫したものになりました。自分自身の主張に反論する要素もないので、より説得力も増します。「エッセイが短くなりすぎて困った、何かもっと書かなくては」と思ったら、自分のテーマに沿った詳細（具体的な事例）を書き加えます。例えば、次のように加筆します。

もう一度書き直したエッセイ（具体的な内容でふくらませる）

> I like watching movies on DVD at home because I can feel relaxed. When I watch a rental movie at home, I sit on my favorite couch, wearing pajamas. A DVD is good; I can stop it to go to the bathroom, or watch a scene again. **For example, I often**

do this while watching movies starring Eddie Murphy, because he speaks too fast for me to understand his English. A DVD rental shop offers a variety of movies that I can rent any time. Watching DVDs at home is better than going to a theater.

日本語訳　　私はリラックスできるので、DVDを借りて家で映画を見るのが好きです。家でDVDを借りて映画を見るときは、パジャマを着て大好きなソファに座って見ます。DVDはいいです。トイレに行きたいときは止めることもできるし、もう一度ある場面を見ることもできます。**例えば、エディ・マーフィの登場する映画でよく場面を見直します。エディ・マーフィは早口で、私には彼の英語が聞き取れないからです。**DVDレンタル店では、いろいろな映画が選べて、いつでも好きなときに見ることができます。家でDVDを見るほうが映画館に行くよりいいです。

　追加した文は、DVDの利点を具体的な例を挙げて説明しているので「DVDのほうが好き」というテーマに沿っています。これでこのエッセイは**clear**（明瞭でわかりやすい）、**concrete**（具体的）、**confident**（自信に満ちている）という**3Cs**の要素をすべて満たすものとなりました。このように、ある程度の長さの英文を書くときには、**テーマに沿って一貫した立場で考えをまとめ、結論を先に書き出すことが大切です。**

EXERCISES

次の問題を解いてみましょう。

"Cell phones are bad for communication"（「携帯電話はコミュニケーションに悪い」）というテーマで書かれた短いエッセイを、(1) から (7) の部分に分けました。この中には、1つ、エッセイ全体の主張とは異なる「転」の意見を述べた文が含まれています。削除すべき「転」の文を指摘し、その他の部分を「結論が先」の英語エッセイにふさわしい順番に並べ替えてください。

(1) For example, the other day I had a short conversation with a man who got several calls on his cell phone.

(2) The distraction of cell phones is making communication more and more difficult.

(3) I'm thinking about buying a new cell phone so I can make video calls to my wife when I take business trips.

(4) After every call I had to remind him what we were talking about.

(5) At home, too, my son spends most of his time reading e-mails from his friends and sending them responses.

(6) For the sake of good communication, people should keep their cell phones put away, and take them out only when necessary.

(7) Maybe I should just send him e-mails myself rather than try to talk to him directly.

1 削除すべき「転」の文：＿＿＿＿＿＿

2 並べ替えた順番：

＿＿＿ → ＿＿＿ → ＿＿＿ → ＿＿＿ → ＿＿＿ → ＿＿＿

解答例

1 削除すべき「転」の文：(3)

(3) I'm thinking about buying a new cell phone so I can make video calls to my wife when I take business trips.

〈日本語訳〉
出張時に妻にテレビ電話をかけられるよう、新しい携帯電話を買おうかと考えています。

2 並べ替えた順番：(2)→(1)→(4)→(5)→(7)→(6)

The distraction of cell phones is making communication more and more difficult. For example, the other day I had a short conversation with a man who got several calls on his cell phone. After every call I had to remind him what we were talking about. At home, too, my son spends most of his time reading e-mails from his friends and sending them responses. Maybe I should just send him e-mails myself rather than try to talk to him directly. For the sake of good communication, people should keep their cell phones put away, and take them out only when necessary.

〈日本語訳〉
携帯電話で気を散らされることにより、コミュニケーションがどんどん難しくなっています。例えば、先日、ある男性と短い会話を交わしたのですが、その間、彼の携帯に何回か電話がかかってきました。通話後、毎回、私は何を話していたかを彼に思い出させなくてはなりませんでした。家でも同様、息子は友達からの携帯メールを読んだり、返事を送ったりするのにほとんどの時間を費やしています。私も息子に直接話そうとするかわりに、メールを送って済ませるべきかもしれません。良いコミュニケーションを目指す人は、携帯電話をしまいこんで、必要なときだけ取り出すべきです。

CHAPTER 13
エッセイを書こう
── PREP手法

- PREP手法とは何か
- PREP構成
- PREPアウトラインを使って書く
- より長いエッセイの構成──パラグラフが文章の基本単位
- 長いエッセイを書く手順

万能なPREP手法

　英語のエッセイを書いてみましょう。前章で説明したように、英語の文章には決まった強固な構成があり、長い文章を書くときにはアウトラインを決めてから書き始める必要があります。エッセイにはいろいろなタイプのものがありますが、ここではTOEIC®テストに導入されたライティング・テストで出題される「オピニオン・エッセイ」（206ページ参照）を題材にします。オピニオン・エッセイを書くとき、考えを英語らしくまとめるのに役に立つPREP手法を紹介します。

1 PREP手法とは何か

　PREPは英単語4つの頭文字を組み合わせた言葉です。**P**はpointの略で、エッセイで「何を言いたいか」という**要点・主旨**のことです。自分の立場を表明し、テーマ、トピック、結論を紹介します。**R**はreasonの略で、自分のpointに対して「なぜそう考えるか」という**理由**を提示します。**E**はexampleの略で、**具体的な事例、統計、証拠**などを挙げて自分の意見の根拠とします。最後の**P**は再びpointです。最初のpointで紹介した自分の**主張や結論を、最後にまとめて繰り返す**ことを言います。オピニオン・エッセイを書くとき、PREPに沿って考えをまとめると、下図に示すように自然に「序論―本論―結論」の構成が仕上ります。

序論	（主題・結論）	➡ Point
本論	（理由）	➡ Reason
	（事例）	➡ Example
結論	（結論）	➡ Point

　PREPは英語を書くときだけでなく、スピーチ、プレゼンテーション、交渉など、さまざまなビジネス・シーンで考えをまとめるのに最適な手法です。英語圏の国で求められる論理性とは、「結論を述べてから、その根拠・理由を明確に説明する」ことにあります。PREP構成でまとめた文は、英語の「結論が先」の文章構成にならっているばかりではなく、論理性の高いものになります。

　日本人の書いた英語は何が言いたいのかよくわからない、と言われることがあります。原因はほとんどの場合、英語圏の読者が期待するフォーマットで考えを提示していないことにあります。相手の予想を裏切らない「序論―本論―結論」（PREP）の構成でアイデアをまとめれば、読み手の理解が深まります。文法や冠詞の使い方が少し間違っていても大丈夫。英語の文書フォーマットで順序よく情報を提示すると、意図は明確に伝わります。

2 PREP構成

　ここまで読むと、すぐに書き出したくなる人がいると思います。でも、もう少し時間をかけてPREP手法について学習しましょう。まずPREP構成を十分に理解してください。

PREP構成

P (Point):　　意見（立場）の表明です。トピックの紹介とも言えます。
R (Reason):　なぜ自分がPで示した立場をとるか、理由を説明する部分です。できればキーワードのように短い言葉で理由を書き留めます。比較的抽象的な概念でかまいません。
E (Example):　根拠となる具体的な例をたくさん考えます。事実、統計、経験、専門家の意見など客観的なデータを挙げることが大切です。
P (Point):　　結論をまとめます。最初に書いたPの文と同じ内容を少し発展させ繰り返します。

　先の、「DVD対映画館」のエッセイをもう一度見てみましょう。

> I like watching movies on DVD at home because I can feel relaxed. When I watch a rental movie at home, I sit on my favorite couch, wearing pajamas. A DVD is good; I can stop it to go to the bathroom, or watch a scene again. For example, I often do this while watching movies starring Eddie Murphy because he speaks too fast for me to understand his English. A DVD rental shop offers a variety of movies that I can rent any time. Watching DVDs at home is better than going to a theater.

　このエッセイがPREP構成に沿っているかどうか、分解してみます。

まず、この人の主張は何でしょう？

Point: I like watching movies on DVD at home.
（「家でDVDを見るのが好き」）

それはなぜ？ 理由は？

Reasons:
(1) I can feel relaxed
（リラックスして見られる）
(2) Can stop and watch a scene again
（止めたり、もう一度ある場面を見たりできる）
(3) DVD rental shop has many movies to choose from
（DVDレンタル店ではいろいろ選べる）

Examples:
(1)-1 favorite couch（好きなソファは落ち着く）
(1)-2 wearing pajamas（パジャマを着たままは最高）
(2)-1 stop it to go to the bathroom
（DVDを止めてトイレに行ける）
(2)-2 watch a scene again / Eddie Murphy
（何度も見られる）

最後のPointです。仕上げが最初の文とほぼ同じ内容ならば、主張が一貫していることになります。さあ見てみましょう。

Point: Watching DVDs at home is better than going to a theater.
（「映画館に行くよりもDVDのほうがよい」）

最初と同じ意見なので、完璧です。

3 PREPアウトラインを使って書く

　次に、紙にPREPアウトラインを書く練習をします。アウトライン作成の練習を重ねると、紙に書かなくても頭の中でPREP構成ができるようになります。英語でこれをsecond nature（第二の天性）と言います。生まれつきの本能であるかのように自然とPREPで考えをまとめられるようになると、エッセイでも仕事の報告書でも、とても楽に書くことができます。

　別のテーマでPREPアウトラインを作ってみます。

テーマ

> **Which is better for the elderly—to live in a city or a rural area?**
> 「高齢者にとり都会に住むのと田舎に住むのではどちらがよいか」

順を追って説明しましょう。

1 立場の選択

　まず、自分の意見は何かを明確にします。ここでは「都会に住むのがよい」と「田舎に住むのがよい」のどちらかを選択します。もちろん、実生活では都会と田舎どちらにも長所・短所があり、一概には言えません。しかしオピニオン・エッセイでは、どちらかの見方を選択し、自分の立場から逸脱しないように気をつけて書きます（stick to the point）。そうすると論理的な文章を書くことができます。

2 PREPでアウトラインを作る

　立場を選択したら、アウトラインを考えます。ここでは「都会に住むほうがよい」という立場を選択し、日本語でアウトラインを書いてみました。

P (point)	都会のほうがよい	
R (reasons)	2つ→(1)刺激がある (2)医療サービスが良い	
E (examples)	(1)刺激→美術館、コンサート、レストラン…	
	(2)医療サービス→病院、医者、老人ホーム…	
P (point)	高齢者は都会に住むほうがよい	

　この段階では、きちんとした文章でなくてもよいのです。英語ではなく、発想に重点を置きます。考えがまとまれば、あとで安心して英語そのものに集中できます。それは次のステップです。

3 アウトラインに沿って実際に書き始める

　PREPでアウトラインができていれば、エッセイの骨組みはしっかりしたものになります。あとは実際に書きながら肉づけするだけです。

　仕上がったエッセイの構成を見てみましょう。

> **P** Elderly people should live in a city rather than in a rural area.
> **R** I can give two reasons—stimulation and good health care.
> **E** City life is stimulating because you can go to concerts and museums, dine out at gourmet restaurants, and participate in various events.
> In addition, the older you get, the more important it becomes to find doctors easily in the neighborhood. Cities have big hospitals, small clinics, nursing homes, and many other health-care facilities for the elderly.
> **P** Cities are better for the elderly because they offer more excitement and better health care services.

日本語訳

P	高齢者は田舎ではなく都会に住むべきです。
R	理由は2つ挙げられます。刺激があること、そして優れた医療ケアです。
E	都会暮らしでは、コンサートや美術館に行けるし、おいしいレストランで外食したり、さまざまな催しに参加できるので刺激があります。 さらに、年をとるにつれ、近所でお医者さんを簡単に見つけられることが大事になります。都会には大病院、小規模なクリニック、老人ホーム、その他多くの高齢者のための医療ケア施設があります。
P	面白いものが多く、より良い医療サービスがあるので、都会のほうが高齢者に向いています。

このように、最初にPREPアウトラインで全体構成を練ってから書き始めると、英語らしいフォーマットで論理的な文章を書くことができます。この手法はTOEICのオピニオン・エッセイだけではなく、企画書や報告書などのビジネス文書を作成するときにも有効です。例えば、A案とB案を比較し利点が大きいほうを提案するときや、自社製品が競合品より優れていることをアピールしたいときなど、PREPで内容をまとめると論理的かつ具体的で説得力の高い文書になります。

オピニオン・エッセイとは何か

オピニオン・エッセイとは、与えられたテーマに対して自分の意見を明確に述べるエッセイのことです。英語能力を評価するTOEICテストにおいても、2007年1月から、従来のテストに加えて、スピーキングとライティングのテストが導入されています。TOEICのライティング・テストにはオピニオン・エッセイの課題があり、30分間である程度の長さの文章を書くことを求められます。TOEICの採点基準は次の4つです。

(1) whether your opinion is supported with reasons and/or examples
　自分の意見が理由と事例によって支持されているか
(2) grammar　文法
(3) vocabulary　語彙
(4) organization　構成

　PREP手法を使えば、上記(1)と(4)の条件を的確に満たすことができます。

Native Speakerのコメント

どうすれば英語がうまくなれるの？

「どうすれば英語がうまくなれるの？」今まで、数え切れないほど何回もこの質問を受けてきました。私の返事はいつも同じです。「習った英語をとにかく練習してください」会話の練習の場合は、相手が必要です。相手がいればいたで、即座に英語を話さないといけません。しかし書く練習は、好きな場所で好きなだけ、じっくり時間をかけて行うことができます。そして英文を書く力は、繰り返し練習するうちに確実に上達します。

　昔、書く作業は紙と鉛筆、消しゴムを用意することから始まりました。何度も書き直しているうちに、机が消しゴムのかすだらけになり、失敗作で満杯のくずかごを見るだけで元気がなくなり、やる気も失せました。しかし今はパソコンを使って書くことができます。削除、挿入、カット＆ペースト機能が使えるばかりではなく、（私の年代から見れば）魔法の道具のようなスペルチェックと文書校正機能もあります。人間のさまざまなミスを機械は忠実に直してくれます。私はアメリカ人なので、読者の皆さんとは反対の立場にいますが、漢字変換のできるワープロが発売されたとき、初めて日本語の文章を書く勇気がわきました。皆さんもこの便利な道具を使って、英文をたくさん書いてください。"Practice makes perfect."（練習により完全の域に達する）このことわざは本当です。

　最後に、覚えてもらいたい英単語"articulate"を紹介します。この言葉は、人の表現力を形容するのに使われ、話し言葉や書き言葉で、自分の意図がはっきりと具体的に伝えられていることを意味します。この本で紹介した3Cs（clear, concrete, and confident）がそろうとarticulateになります。You are articulate. と言われたら、とても喜ばしいことです。3Cs = articulateをゴールにすえて、繰り返し英語を書く練習をしてください。私も日本語でarticulateになることを追求し続けます。一緒にがんばりましょう！

4 より長いエッセイの構成
――パラグラフが文章の基本単位

　ここまで見てきたオピニオン・エッセイは100語程度の長さです（TOEICのオピニオン・エッセイでは100語から200語の長さが必要です）。では、より長い文章はどうやって書けばよいでしょうか。

　考えをまとめて、ある程度の長さの文章を書くときの基本単位を、英語ではパラグラフ（paragraph）と呼びます。日本語では「段落」と訳されていますが、日本語の作文での段落と英語のパラグラフは異なります。パラグラフには非常に強固な構成があります。

　先ほどPREP手法で書いたエッセイは1個のパラグラフを形成しています。より長いエッセイや報告書などの文書を書くときは、複数のパラグラフをつなげて全体を構成します。全部で4つのパラグラフからなる長いエッセイの場合には、どのような構成になるでしょうか。

　次のページの例では、パラグラフ1が序論となり、エッセイの主題（point）を紹介します。パラグラフ2と3が本論を形成し、理由（reasons）や事例（examples）を述べることで主題を展開します。最後のパラグラフ4で、結論（point）をまとめます。パラグラフ1、2、3には、各々、次のパラグラフに自然に入るためのつなぎの文（transition）を入れます。

パラグラフ 1 序論	Point（主題・要点の紹介） Transition（つなぎ）
パラグラフ 2 本論	Reason 1（理由） Examples（事例、その他の内容） Transition（つなぎ）
パラグラフ 3 本論	Reason 2（理由） Examples（事例、その他の内容） Transition（つなぎ）
パラグラフ 4 結論	Point（主題・要点のまとめ）

　エッセイ全体の構成は、この章のはじめで紹介した「序論―本論―結論」と同じです。これを見ると、長いエッセイを書くときにもPREPのアウトラインを基本としてアイデアをまとめればよいことがわかります。長いエッセイで必要になる、パラグラフ間をうまくつなげるためのtransition sentence（つなぎの文）については、次節で説明します。

5 長いエッセイを書く手順

> **Which is better for the elderly—to live in a city or a rural area?**
> 「高齢者にとり都会に住むのと田舎に住むのではどちらがよいか」

先のテーマに戻り、具体的にどのようにして長いエッセイを書くのか見ていきましょう。

オピニオン・エッセイは、「オピニオン＝意見」という言葉どおり、あなたの意見そのものです。複数のパラグラフからなる長いエッセイや報告書を書く場合は、単なる主観的な意見だけではなく、より多くの客観データで裏付けられた結論が必要になります。でも心配は無用。先のオピニオン・エッセイと同じ要領で書けばいいのです。

1 アウトラインを決める

長い文章を書く場合は特に、アウトラインを最初にきちんと考えることが重要です。ここでは、205ページで作成したアウトラインを再利用します。

P (point)	都会のほうがよい
R (reasons)	2つ→(1)刺激がある (2)医療サービスが良い
E (examples)	(1)刺激→美術館、コンサート、レストラン…
	(2)医療サービス→病院、医者、老人ホーム…
P (point)	高齢者は都会に住むほうがよい

先ほど書いた短いエッセイも再利用できそうですね。209ページの複数パラグラフの構成に当てはめてみましょう。

パラグラフ1：序論

Point（主題・要点の紹介）

> Elderly people should live in a city rather than in a rural area.
>
> I can give two reasons—stimulation and good health care.

パラグラフ2：本論

Reason1: Examples（理由と事例、その他の内容）

> City life is stimulating because you can go to concerts and museums, dine out at gourmet restaurants, and participate in various events.

パラグラフ3：本論

Reason 2: Examples（理由と事例、その他の内容）

> In addition, the older you get, the more important it becomes to find doctors easily in the neighborhood. Cities have big hospitals, small clinics, nursing homes, and many other health-care facilities for the elderly.

パラグラフ4：結論

Point（主題・要点のまとめ）

> Cities are better for the elderly because they offer more excitement and better health care services.

　1つのパラグラフには1つの考えをまとめます（one paragraph, one idea）。アウトラインをしっかり整えることが、論理的な文を書くのに欠かせない作業です。

2 具体例・客観的事実で肉づけする

　少し長い文を書くには、具体的な事例、経験、データなどが必要です。ここで、簡単なインターネット検索を利用してエッセイに肉づけをします。「高齢者が住むには都会のほうがよい」という結論を裏付けるため、東京都世田谷区の例を使うことにしました。世田谷区について自分の知っている情報に加えて、世田谷区役所のホームページを調べてデータを集めました。調査結果を使い、都会暮らしが高齢者にとりいかに快適かを主張します。このような肉づけ作業では、英語のアドバイス "Write what you know"（自分の知っていることを書きなさい）を念頭におき、自分が知っているところから始めることをおすすめします。

3 つなぎの文（transition sentence）を考える

　具体例や客観的データを加えて内容が濃くなり説得力が増したら、最後につなぎの文を書きます。つなぎの文は、1つのパラグラフが次のパラグラフへ自然に移行するよう考えます。つなぎの文は、パラグラフの最後、あるいは続くパラグラフの最初の、どちらに置いてもかまいません。**長いエッセイで大切なことは、1つの考えを1つのパラグラフにまとめること、そして次のパラグラフ（考え）に自然に移っていくことです。**

　さあ、できあがったエッセイを見てみましょう。アウトラインに足した肉づけの調査データを■色の文字、つなぎの文は■色の文字で示しています。

1 序論

> Elderly people should live in a city rather than in a rural area. I can give two reasons—stimulation and good health care. **Setagaya-ku in Tokyo is a good example of an urban area where older people can enjoy both of these advantages. Let's take a look at Setagaya as we examine the advantages of city life.**

2 本論

> City life is stimulating because you can go to concerts and museums, dine out at gourmet restaurants, and

participate in various events. Setagaya is an urban area with all of these. It is also full of parks and cultural facilities. On the Internet, I found a site called "Barrier-free SETAGAYA" that tells people how they can easily find and go to restaurants and shops, and many other places. To help older people get around, Setagaya-ku offers senior citizens a bus and train pass at a very low price. These are all wonderful for people in good health, but what about senior citizens with health problems?

3 本論

The older you get, the more important it becomes to find doctors easily in the neighborhood. Cities have big hospitals, small clinics, nursing homes, and many other health-care facilities for the elderly. How about the situation in Setagaya? The local government offers many other health services, such as home doctor visits, wheelchair rentals, and a futon drying service.

4 結論

After making this study, I am even more convinced that cities are better for the elderly because they offer more excitement and better health care services. If older people can enjoy all the benefits of city life, they will be happy because they are stimulated and interested. They will also feel secure because they can receive health care whenever it is necessary. Surely these are the keys to an ideal retirement.

仕上がったエッセイは、「序論―本論―結論」の構成を持ち、理由や事例により裏付けられた主張が論理的に展開されています。

日本語訳

1 序論
　高齢者は田舎ではなく都会に住むべきです。理由は２つ挙げられます。刺激があること、そして優れた医療ケアです。東京都世田谷区は、高齢者がこの２つの利点を享受できる都市のよい例です。都会暮らしの利点を考えるにあたり、世田谷について見てみましょう。

2 本論
　都会暮らしでは、コンサートや美術館に行けるし、おいしいレストランで外食したり、さまざまな催しに参加したりできるので刺激があります。世田谷はこれらすべてが可能な市街地で、公園や文化施設もたくさんあります。インターネットで「バリアフリー世田谷」というサイトを見つけました。このサイトでは、レストランや商店、その他多くの場所を簡単に探せ、そこに行く方法を紹介しています。お年寄りの外出の一助として、世田谷区では、非常に低料金でバスと電車の高齢者用パスを提供しています。健康な人には素晴らしいことばかりですが、健康に問題を抱える高齢者についてはどうでしょうか。

3 本論
　年をとるにつれ、近所でお医者さんを簡単に見つけられることが大事になります。都会には大病院、小規模なクリニック、老人ホーム、その他多くの高齢者のための医療ケア施設があります。世田谷区の状況はどうでしょうか。区では上記以外にも、医者の往診、車椅子レンタル、布団乾燥サービスなど多くの保健サービスを提供しています。

4 結論
　この調査をした後、刺激が多く、より良い医療サービスを提供する都会のほうが高齢者に向いているという確信を深めました。お年寄りが都会暮らしの恩恵をすべて享受できれば、刺激を受け興味にあふれて幸せになるでしょう。また、必要なときいつでも医療ケアを受けることができるので、安心できます。これは、間違いなく理想的な老後の秘訣です。

EXERCISES

次の問題を解いてみましょう。

以下のエッセイは「田舎に住むほうがよい」という立場で書かれています。(1)から(7)の文がPREPのどの要素に該当するかを分類し、日本語のアウトラインに要約してください。

Which is better for the elderly—to live in a city or a rural area?
「高齢者にとり、都会と田舎ではどちらに住むのがよいか」

(1)A rural dwelling is better for the elderly. (2)This is because they can enjoy the blessings of nature and a close-knit community. (3)In a rural area, people can enjoy nature, for example, fresh air and clean water. (4)They can also grow vegetables in spacious gardens. (5)Moreover, a small village has a tight-knit community where villagers know and help each other. (6)If an old man living alone gets sick, villagers will take him to the doctor. (7)Elderly people can live more happily in a rural area, surrounded by friendly neighbors and abundant nature.

P _____
R _____
E-1 _____
E-2 _____
P _____

解答例

Point	(1) 高齢者には田舎暮らしがよい
Reasons	(2) ① 自然の恵み、② 緊密なコミュニティ
Examples-1	(3)、(4) ① 自然→空気と水、庭で野菜作り
Examples-2	(5)、(6) ② コミュニティ→村人は皆知り合い同士 一人暮らしでも病気のときは助けてもらえる
Point	(7) 高齢者は親切な隣人と豊かな自然に囲まれ、田舎で幸せに暮らせる

CHAPTER 13

CHAPTER 14
ビジネスレターを書こう
──伝えたいことを明確に

- 個人名で特定の相手に出すレター
- 会社からのお知らせ
- 個人名で大勢の相手に出すレター

まずは要点から書き始めよう

　ビジネスレターを書いてみましょう。ビジネスレターは仕事中に読むものなので、簡潔なものが好まれます。長く複雑な手紙を受け取ったとき、何度も読み返して理解しようとする人は少ないでしょう。エッセイ同様、大切なことは「結論が先」です。伝えたい内容を頭の中でしっかり整理してから、要点を先に書き始めます。

1　個人名で特定の相手に出すレター

　日本では、昔から手紙を書くことはひとつの技能と考えられています。書店には例文を盛り込んだ「手紙の書き方」の本がたくさんあり、季節ごとの挨拶や、相手の仕事や暮らしぶりを気遣う文がたくさん載っています。このような伝統的な挨拶文は美しいながらも、英語に直すことはほぼ無理です。

　最初に、日本語の手紙を読んでみましょう。これは、仕事仲間にあてた手紙ですが、個人的内容なので比較的インフォーマルな調子で書かれています。

> **拝啓**
>
> **空は深く澄み渡り、さわやかな秋晴れが続いております。皆様にはますますご健勝のことと存じます。**
>
> 早いもので、帰国してもう半年がたちました。ようやく新しい職場での仕事に慣れてきたところです。でもサンフランシスコ・オフィスの皆さんが懐かしいです。ところで、**11月初旬に残務整理のためサンフランシスコに出張で行くことになりました。滞在中、できれば一度お会いしたいと思います。11月の第1週でご都合のよい日時を教えてください。**お返事をお待ちしています。
>
> 　　　　　　　　　　　　　　　　　　　　　　　　　　敬具

　拝啓で始まるこの手紙では、時候の挨拶と相手の健康を気遣う文が冒頭に置かれています。手紙の目的は「一度お会いしたいと思います。11月の第1週でご都合のよい日時を教えてください」と相手に伝えることですが、この文は、手紙の最後に置かれています。

　同じ内容の手紙を英語で書くならば、話題の順序を変えなくてはなりません。これは個人的な手紙なので挨拶から始めます。英語でも挨拶は大切ですが、簡単でかまいません。挨拶に続いて、直ちに一番大切な用件を書きます。最後に、読み手が返事を書きたくなるよう親しみをこめたメッセージで手紙を結びます。

Dear Mr. Robinson,

How are you doing?

I'm writing to say that **I'll be back in San Francisco the first week in November to take care of some unfinished business. I'd really like to see you while I'm there. Please tell me when you have some free time.** It has been six months since I came back to Japan. I'm finally getting used to working here again, but I miss everyone in the San Francisco office.

I'll be looking forward to hearing from you soon.

Best regards,

Hitoshi Tanaka

Hitoshi Tanaka

日本語訳

ロビンソンさんへ

　お元気ですか。早速ですが、**11月の第1週にサンフランシスコに残務整理のため出張します。滞在中にぜひお会いしたいと思います。空いているお時間があれば、お知らせください。**日本に帰って半年になります。ようやくこちらでの仕事に慣れてきましたが、サンフランシスコ・オフィスの皆さんが懐かしいです。お返事を楽しみにしています。

　　　　　　　　　　　　　　　　　　　　　　　　　　　田中均

　日本語訳を読んでわかるように、要点が先、次に付加的な内容と、話題提示の順番が日本語と正反対になっています。このように、英語の手紙は、(1)簡単な挨拶、(2)本文(要点を前半で述べる)、(3)結びのメッセージで構成します。挨拶と結びのメッセージは240〜241ページに例を挙げておきました。いくつか覚えて使い回すと、英文レターも楽に書けます。

なお、署名の前につける結辞にはいろいろあります。いつも同じ結辞を決めて使ってもかまいません。手紙のフォーマル度に合わせて、2つくらいを使い分けるとよいでしょう。

フォーマルな手紙	**Sincerely yours,** **Sincerely,**
個人的な手紙	**Best regards,** **Best wishes,**

2　会社からのお知らせ

　会社の移転や人事異動のお知らせ、あるいは広報宣伝活動のため、不特定多数の人に出す手紙やはがきがあります。個人的な手紙同様、日本語では形式がとても大事です。しかし英語のレターではややこしい挨拶文は必要ありません。要点を簡潔に述べるだけでOKです。

移転のお知らせ

日本語と英語のお知らせを比べてみましょう。

> 　　　　　　　　　　　　　　　　　　　　　　　2007年11月15日
> 　　　　　　　　　　　　　　　　　　　　　　　株式会社ABC
>
> 拝啓
>
> 晩秋の候、ますますご健勝のこととお喜び申し上げます。
> 平素は格別のご高配を賜り、厚くお礼申し上げます。
> さて、この度、事業拡大に伴い、長年慣れ親しんだ新宿を離れ、汐留の下記住所に本社を移転する運びとなりました。これを機に、旧に倍しまして社業に励み、皆様のご期待に沿うよう、より一層努力する所存でございます。今後ともご支援ご指導賜りますよう、よろしくお願い申し上げます。
>
> 　　　　　　　　　　　　　　　　　　　　　　　　　　　　　敬具

　このお知らせをこのまま英語に直すことは最初からあきらめてください。「何を伝えたい？」の法則に戻りましょう。ここで伝えたいことは、(1)会社が移転することと、(2)新しい連絡先、この2点だけです。これさえはっきりすれば、あとはとても簡単です。友人に引っ越し先を知らせるお知らせと、ほぼ同じ要領で考えてかまいません。一番上に「引っ越しました」と大きく印刷してある転居はがきを受け取ったことがあるでしょう。会社の移転でも同じように、「引っ越します」というタイトルをつけます。

> ABC Co. is moving to a new location
>
> As of Nov. 15, 2007 ABC Co. will be moving from Shinjuku to our new headquarters in Shiodome. Please note our new address and telephone numbers below.
>
> We look forward to being able to serve you even more efficiently at our new location.
>
> (contact information)

日本語訳

株式会社ABCの本社移転のお知らせ

2007年11月15日をもちまして、株式会社ABCは、本社を新宿から汐留に移転いたします。新住所と電話番号は下記をご参照ください。新しい場所で、今まで以上に効率よく皆様のお役に立てることを楽しみにしています。

(連絡先)

　日本語のお知らせと異なり、要点のみを述べた明瞭で具体的な文のあとに、謙虚さではなく、自信に満ちた言葉が続きます。この引っ越しで、関係者は一時的に不便な思いをするかもしれません。しかし新しい本社で、今まで以上のサービスが提供されることでしょう。

イベントのお知らせ

次は靴メーカーの展示会出典のお知らせです。

> **Greenhorn Boots to Show at Footwear Exhibition**
>
> Greenhorn Boots is pleased to announce our participation in the Tokyo Footwear Exhibition at Makuhari Messe, April 3–5, 2008. Come see our new fall and winter boot lines and receive a special gift we will be giving to our preferred customers. Be sure to bring this postcard with you!

日本語訳

Greenhorn Bootsフットウェア展に出品
Greenhorn Bootsは、2008年4月3日から5日まで幕張メッセにて開催される東京フットウェア展に参加いたします。展示会にお越しになり、当社の秋冬用ブーツ・コレクションをご覧ください。Greenhornのお得意様には、スペシャル・ギフトを進呈いたします。このはがきをお忘れなく！

いかがでしょうか。このお知らせで最も大切な情報である、展示会の日程と会場が冒頭に述べられています。日本人にとって、このようなお知らせ文でいきなり本題に入り、具体的な情報を提示するのは勇気のいることです。でも、これで十分なのです。

3 個人名で大勢の相手に出すレター

　個人的なお知らせをビジネスライクに伝えるには、パーソナルな手紙と会社のお知らせの間の中間的なトーンを使います。大げさな見出しは不要なので、具体的な情報を伝えることだけに心を砕いてください。唯一問題になるのは、多数の相手に対してどのように呼びかけるかということです。あまり堅くなる必要はないので、business partners（「ビジネス関係者」、堅苦しい日本語ならば「お取引様各位」）、colleagues（「同僚」）、friends（「友人」）など適当な宛名を使います。「友人へ」という呼びかけは、日本ではなじみが薄いと思いますが、複数の相手への手紙では Dear friends がよく使われます。このような手紙も、肯定的なメッセージで締めくくると好感度が高まります。

転勤・異動

To my business partners and colleagues,

This is to announce that, as of April 1, I will be leaving the Gotanda Office of Himesama Foods, Inc. and transferring to the company headquarters in Machida. Please see my new contact information below.

　　　　Himesama Foods Headquarters
　　　　1–2–3 Nakamachi, Machida
　　　　Tel. 042–711–XXXX

I look forward to working with you in my new capacity.

Best wishes,
Ayumi Iwahori

> **日本語訳**
>
> ビジネス関係者と同僚の皆さんへ：
> 　4月1日付で、姫様フーズの五反田オフィスから、町田本社に異動になりました。新しい連絡先は下記のとおりです。
> 姫様フーズ本社
> 　　町田市中町1-2-3
> 　　電話番号　042-711-XXXX
> 　新しい任地で、また一緒にお仕事させていただく機会を楽しみにしています。
> 　岩堀あゆみ

転職

To my business partners, colleagues, and friends,

This is to announce that, as of March 31, I will be retiring from Book House Publishing, Co. and moving from Tokyo to Maebashi. I have plans to work freelance as a website designer.

Please note my new address and other contact information below. I will miss seeing all of you in the city, but look forward to hearing from you online.

　　　　　(contact information)

Best regards,
Yohei Sasaki

> **日本語訳**
>
> ビジネス関係者、同僚そして友人へ：
> 　3月31日付でブック・ハウス出版社を退職し、東京から前橋に引っ越すことをお知らせします。フリーランスでウェブ・デザイナーの仕事をする計画です。
> 　新しい住所・連絡先は下記のとおりです。東京で皆様と会う機会がなくなり寂しくなりますが、オンラインでの便りを楽しみにしています。
> 　（連絡先）
> 　佐々木洋平

EXERCISES

次の問題を解いてみましょう。

新しい書店開店のお知らせの手紙です。空欄に入る適切な語を下記から選んでお知らせを完成させてください。

A New Bunkyo Books Opening on November 20!

Bunkyo Books (①) the opening of its Imai shop on November 20. Find all the latest books at Bunkyo Books Imai, and then (②) them with a cup of coffee in our reading lounge. Bunkyo Books Imai (③) conveniently, right (④) Imai Station and (⑤) from downtown Imai. We (⑥) seeing you there soon!

〈空欄に入れる言葉〉
(a) a two-minute walk　　(b) is pleased to announce
(c) in front of　　(d) is located
(e) look forward to　　(f) relax and enjoy

解答例

①-(b)　②-(f)　③-(d)　④-(c)　⑤-(a)　⑥-(e)

Bunkyo Books <u>is pleased to announce</u> the opening of its Imai shop on November 20. Find all the latest books at Bunkyo Books Imai, and then <u>relax and enjoy</u> them with a cup of coffee in our reading lounge. Bunkyo Books Imai <u>is located</u> conveniently, right <u>in front of</u> Imai Station and <u>a two-minute walk</u> from downtown Imai. We <u>look forward to</u> seeing you there soon!

〈日本語訳〉
文京ブックスの新店が11月20日にオープン！
文京ブックスの今井店が、11月20日にオープンいたします。文京ブックス今井では新刊本をすべて取り揃えておりますので、併設のコーヒーラウンジでゆっくりお楽しみください。文京ブックス今井は、今井駅の目の前で、今井中心街から徒歩2分という便利な場所にあります。お店でお会いできるのを楽しみにお待ちしております！

CHAPTER 15
Eメールを書こう
——意図を正しく伝える方法

- 箇条書きはEメールに最適
- 質問のメール
- 苦情のメール

Eメールは箇条書きにしよう

　ビジネスレター同様、Eメールは忙しい仕事中に読まれるものです。頻繁に書いたり、読んだり、返事したりするEメールでは、とにかく用件が明瞭・簡潔に伝わることがポイントです。

　Eメールで起こる可能性のある最大の問題は、自分の意図が相手に正しく伝わらないことです。内容が誤解されたり、思いもかけず失礼を犯してしまったり、母国語でも冷や汗をかくときがあります。外国語で簡単かつ効果的に用件を伝えるには、どうすればよいでしょうか。ここでは、Eメールを効果的かつ簡単に書く素晴らしい方法を紹介します。誰でも知っている「箇条書き」です。

1 箇条書きはEメールに最適

箇条書きスタイルは、英文ライティングの経験が浅く、長い文を書く自信がない人には特にお勧めです。番号をつけて短い文を書いていくだけですから、とても簡単。短い文の羅列でも、簡潔明瞭が命のEメールですから、失礼になりません。しかも内容が正確に伝わり、ビジネスライクです。書き始める前の準備から、順を追って見ていきましょう。

準備：差出し人と署名の英語化

まず準備です。メールを書き始める前に、自分が使っているEメールソフトで**差出人の名前がローマ字で表示されることを確認してください。個人名のあとに会社名をつけてもよいでしょう。**

　　例：**Tanaka, Tokyo Marketing Partners**

毎日たくさんメールをもらう人は差出人と件名を見て、メールを開く優先順位を決めます。迷惑メールが出回っている昨今、届いたメールの中身をいちいち読まずにそのまま削除してしまう人もたくさんいます。差出人の名前が漢字のままだと、日本語に対応していないパソコンには届かないことがあります。たとえ届いたとしても、文字化けで誰からのメールかわかりません。差出人不明のEメールはそのままゴミ箱行きの運命をたどります。

Eメールソフトの署名機能を使うと、メール本文の末尾に自動的に自分の名前、肩書き、部署、会社名、電話番号などを入れられるので便利です。英語のメールを書く機会が多い人は、英語版の署名も作成しておきましょう。

　　例：　**Hiromasa Tanaka**
　　　　　Accounts Division
　　　　　Tokyo Marketing Partners, Inc.

女性の場合、署名のあとにMs.をつけて自分が女性であることを示すことができます。

Mami Suzuki (Ms.)

Hiromi Sato (Ms.)

外国の人はたいてい、日本人の名前を見ても男性か女性か判断できません。女性の場合は、上記のように括弧にMs.を入れて性別を明示することができます。独身（Miss）か既婚（Mrs.）かまで示さなくてよいので、Ms.と書けば十分です。何もつけないと、たいていの場合、Mr. Mami SuzukiやMr. Satoと書かれた返信メールを受け取ることになります。

これで準備OKです。具体的なシチュエーションでどのようにメールを書くか説明します。

2 質問のメール

Situation 1　クライアントへのEメール

　広告代理店のTokyo Marketing Partnersは、City Scooterというモデル名の新しい原付二輪車の販売計画立案を受注しました。計画には広告キャンペーンが含まれています。代理店でのキャンペーン担当者である田中さんは、クライアントに確認しなければならないことがあります。相手の広告キャンペーン予算、希望するキャンペーンの日程、そして次回の合同会議の日時です。田中さんは、Eメールで質問することにしました。

件名

　先に述べたように、一日に何百通ものEメールを受け取る人は、差出人と件名を見てメールを開く優先順位を決めます。自分のメールが万が一削除されることがないように、件名はできるだけ具体的に書きます。例えば、ただ漠然とQuestions（質問）のような件名をつけると、迷惑メールだと思われ、読んでもらえない可能性があります。内容がすぐにわかるよう具体的な言葉を件名に含め、必ず1通で1件の内容にとどめます。

> **件名：City Scooter marketing plan**（訳：City Scooter 販売計画）

本文

(1) 用件を箇条書きにする。

　いよいよ本文です。質問事項が2～3点ある場合、箇条書きを使うと簡単に書けます。最初に要点がいくつあるか、自分が伝えたいことを整理します。これはどのライティングでも共通する作業です。

　整理したら書き始めますが、長く書く必要はありません。箇条書きの場合、文と文のつなぎ言葉も必要ありません。箇条書きはとてもシンプルで、文面を視覚的にとらえられるので、読む人は即座に内容を理解できます。要点がいくつある

かも一目でわかります。例えば、こんな風に書きます。

> We are working on the marketing plan for your new City Scooter, and we have a few questions.
> 1. What is your budget for an ad campaign?
> 2. Do you agree with an ad campaign from March to May?
> 3. When can we hold a joint meeting to discuss details?

日本語訳 　貴社の新しいCity Scooterの販売計画を立案中ですが、いくつか質問がございます。
　　1. 広告キャンペーンの予算はいくらですか？
　　2. 広告キャンペーン開催期間は3月から5月でよろしいでしょうか？
　　3. 詳細について話し合う合同会議はいつ頃可能でしょうか？

　いかがでしょう。用件がはっきりしますね。質問が3つあることは一目瞭然なので、メールを受け取った人にも喜ばれます。返事を書く側も、1、2、3と順に答えていけばよいのでとても楽です。このように、番号をつけて要点を書くと、相手に伝えたいこと、動いてもらいたいこと、答えてもらいたいことに漏れがなくなります。

(2) 雰囲気作りをする

　次の課題は雰囲気作りです。ただ用件を伝えるだけでは不十分です。Eメールでも、個人宛のビジネスレターと同様、丁寧な表現と、相手に親しみをもってもらう工夫が大切です。上記の質問に対して、この先、クライアントとの間に何回かEメールのやり取りが続くことが予想できます。ビジネスでは相手と良い関係を作らないと仕事が進みません。これは相手が日本人でも外国人でも同じです。ビジネス・コミュニケーションの目的は相手に意図を伝え、納得して行動してもらうことにあります。そのためには、Eメールでも印象が大切です。

　先ほど書いたクライアント宛の本文の冒頭に、第一印象を良くする文をつけ加えます。仕事を与えてくれたことに感謝する気持ちを表します。

> **Thank you for your account and the opportunity to serve you.** （貴社の業務でお役に立てる機会をいただきお礼申し上げます）
>
> We are working on the marketing plan for your new City Scooter, and we have a few questions.
> 1. What is your budget for an ad campaign?
> 2. Do you agree with an ad campaign from March to May?
> 3. When can we hold a joint meeting to discuss details?

ずいぶん良くなりました。あと一歩です。メールの目的は返事をもらうことです。「なるべく早く返事がほしい」のであれば、相手が自然に返事を書きたくなるよう、早めに返事がほしいことを丁寧に伝えましょう。そのため、本文の最後に次のような文を加えます。

> We are looking forward to your reply.
> （ご返事をお待ちしています）
>
> I'll be waiting for your reply on this matter.
> （この件に関しお返事をお待ちしています）
>
> Please reply at your earliest convenience.
> （ご都合がつきしだいお返事ください）

(3) 最後の仕上げ

最後のもうひと工夫を、ある大学の日本人教授に見習ってみましょう。この教授は、仕事で頻繁に外国人講師に連絡を取らなければなりません。教授は海外生活が長かったため、手紙やメールの書き方によって相手の反応が変わることを痛感しています。自分の意図が間違いなく相手に伝わり、行動を起こしてもらうため、この教授は毎回同じような結びのメッセージを使うそうです。

Thank you very much for your consideration.
（ご検討よろしくお願いします）

Thank you for your time and consideration.
（上記と同じような意味。ただし、相手に時間を割いてもらったことにも言及）

Thank you for your patience and consideration.
（同じような意味。相手を待たせたり、少し辛抱してもらったりしたとき、「忍耐」を意味するpatienceを入れるのは適切）

Thank you for your time, help, and consideration.
（ご多忙のところご助力とご配慮いただき、感謝しています）

　相手への気遣いがにじみ出ているので、同じような表現を毎回使っても問題ありません。自分の決め台詞を1つ選んで使ってみてもよいでしょう。この教授は、結び文句に少しだけバリエーションをつけることに関しては、とても優秀です！相手の努力を認めると、気持ち良く読んでもらえます。

　手紙で使ったSincerely yours、Truly yoursなどフォーマルな結辞はEメールではほとんど使いません。Thanks、Best regardsなどカジュアルな結辞を使う人はいます。しかし簡潔さが尊ばれるEメールでは、何もつけなくてもかまいません。
　では、メールをまとめてみます。

差出人： Tanaka, Tokyo Marketing Partners
件名： City Scooter marketing plan

本文：
Thank you for your account and the opportunity to serve you.

We are working on the marketing plan for your new City Scooter, and we have a few questions.
1. What is your budget for an ad campaign?
2. Do you agree with an ad campaign from March to May?

> 3. When can we hold a joint meeting to discuss details?

I'll be waiting for your reply on this matter.
Thank you very much for your consideration.

署名： Hiromasa Tanaka
Accounts Division
Tokyo Marketing Partners, Inc.

いかがでしょうか。箇条書きなので、温かみに溢れているとは言えないものの、用件は明確かつ具体的（clear and concrete）に書かれています。英語が苦手と思っている人でも、こんなふうに箇条書きで用件をまとめるのは比較的簡単でしょう。箇条書きの用件に、定型の丁寧なメッセージを補えば、相手に対しての心遣い（consideration）までプラスされるので、好印象を与えます。ビジネスの目的を十分達成するEメールを書くことができます。

上記のCity Scooter販売計画についての質問に対して、返事がきました。メールソフトの「返信」機能を使い、相手の質問（>がついた文）をそのまま生かして返事を書いています。箇条書きだと、このように返事を書くのも楽です。

To: Hiromasa Tanaka, Tokyo Marketing
From: Helen Merino, Martin Motors, Inc.
Re: City Scooter marketing plan

Thank you for your note and questions.

>1. What is your budget for an ad campaign?
We are planning on a budget of about 30 million yen. We will have the precise figures in about a week.

>2. Do you agree with an ad campaign from March to May?
March to May is agreeable per your recommendation that it is the optimal sales period for scooters in Japan.

>3. When can we hold a joint meeting to discuss details?
I and the vice-president of overseas sales are scheduled to be in Japan in mid-January. Let's plan a meeting on January 12. We are looking forward to seeing your storyboards and other proposals.

Best regards,
Helen Merino
Martin Motors, Inc.
Chicago, Illinois

本文の日本語訳

ご連絡とお問い合わせありがとうございます。

1. 広告キャンペーンの予算はいくらですか？
   予算は約3000万円を予定しています。1週間くらいで正確な数字がわかります。
2. 広告キャンペーン開催期間は3月から5月でよろしいでしょうか？
   3月から5月がスクーター販売に最適との推薦にしたがい、賛成します。
3. 詳細について話し合うための合同会議はいつ頃可能でしょうか？
   私は海外販売担当の副社長とともに1月中旬に来日する予定です。1月12日に会議を予定しましょう。絵コンテや他の提案を楽しみにしています。

クライアントから返事がきたら、確認を兼ねて、簡単なお礼のメールを出します。

差出人：Tanaka, Tokyo Marketing Partners
件名：City Scooter marketing plan

Thank you for your response. I am looking forward to seeing you at the joint meeting on Jan 12.

Hiromasa Tanaka
Accounts Division
Tokyo Marketing Partners, Inc.

本文の日本語訳

お返事ありがとうございます。1月12日の合同会議でお会いするのを楽しみにしています。

3 苦情のメール

次は苦情のメールです。

Situation 2：取引先への苦情

機械メーカーAcme Machinesの鈴木さんは、取引先の電気部品メーカーにモーター10個の注文を出しました。しかし注文品は、納期が1週間遅れたうえに、8個しか届いていません。請求書にはモーターの数が10個と明記されています。鈴木さんは取引先にクレームのEメールを出すことにしました。

先ほどと同じように、ステップごとに見ていきます。

件名

取引先への苦情メールならば、「problem（問題）」といった言葉を件名に入れます。具体的情報として、注文した部品名も書きます。

> 件名：**Motor order problems**

本文

クレーム・メールはできれば書きたくないものです。苦情の内容を相手に正確に理解してもらわないと、速やかな対応も期待できません。そういうとき、ここでも箇条書きが威力を発揮します。問題を分析し、問題点をひとつずつ挙げていきます。短い文でかまいません。

> There were some problems with our order.
> 1. It arrived one week late.
> 2. We ordered ten motors, but received only eight.
> 3. The bill was for ten motors.
> 4. We need the two additional motors as soon as possible.

> **日本語訳**
> 注文品で問題があります。
> 1. 1週間遅れで届きました。
> 2. モーターを10個注文したのですが、8個しか届いていません。
> 3. 請求書はモーター10個分になっています。
> 4. 追加のモーター2個、至急必要です。

雰囲気作り

　用件の部分は仕上がりました。あとは良好なビジネス関係を保つため、丁寧な雰囲気を出すだけです。クレームなので、前向きに考えるのがちょっと難しいですね。しかし、部品が届いたことは相手に知らせます。

> **We received our order of motors this week.**
> （今週、モーターの注文品を受け取りました）
>
> **Unfortunately**, there were some problems.
> （残念なことに、）
>
> 1. It arrived one week late.
> 2. We ordered ten motors, but received only eight.
> 3. The bill was for ten motors.
> 4. We need the two additional motors as soon as possible.

　用件となる本文の冒頭にunfortunatelyが加わっています。これは、問題を提示し、話の調子を変える役目を果たしています。

　この場合も、なるべく早く返事がほしいので、返事を促す文を加えます。

> We are looking forward to your reply.
> I'll be waiting for your reply on this matter.
> Please reply at your earliest convenience.

最後の仕上げ

　クレームなので、丁寧さを増す結びの文句は必要ないかもしれません。しかし丁寧すぎて損することはない、と思えるならば相手を気遣う文を足します。

> Thank you for your attention to this matter.
> （この件への対応よろしくお願いします）

これで完成です。メールをまとめて見てみましょう。

差出人：Suzuki, Acme Machines
件名：Motor order problems

Dear Mr. Jones,

We received our order of motors.
Unfortunately, there were some problems.
1. It arrived one week late.
2. We ordered ten motors, but received only eight.
3. The bill was for ten motors.
4. We need the two additional motors as soon as possible.

Please reply at your earliest convenience.
Thank you for your attention to this matter.

Mami Suzuki (Ms.)
Parts Acceptance Manager
Acme Machines

仕上がったメールは批判がましくなく、でも何が問題かは明確に書かれています。

取引先の部品メーカーから、お詫びと足りない部品の手配の連絡がありました。

From: Phil Jones, Electric Motors Unlimited
Re: Motor order problems

Dear Ms. Suzuki

Thank you for your inquiry and we apologize for the delay as well as the mistake in the order. The two additional motors have been sent and should arrive in a few days.

> Once again, we apologize for any inconvenience to Acme Machines, and we will do our best to make sure it doesn't happen again.
>
> Phil Jones, Orders Manager
> Electric Motors Unlimited
> Richmond CA

本文の日本語訳
> お問い合わせありがとうございます。注文品送付の遅れと数量違いをお詫び申し上げます。追加のモーター2個は出荷済みですので数日中に届くはずです。
> 再度、Acme Machinesにご迷惑をおかけしたことをお詫びいたします。同じようなミスが再発しないよう最善の努力をいたします。

　返信がきたら、お礼と確認の短いEメールを送ります。ちょっとした手間を惜しまず返事を出す習慣をつけておくと、良好なビジネス関係を築くのに役立ちます。

> 差出人：Suzuki, Acme Machines
> 件名：Motor order problems
>
> Thank you for taking care of the matter.
> We will be expecting the two additional motors in a few days.
>
> Mami Suzuki (Ms.)
> Parts Acceptance Manager
> Acme Machines

日本語訳
> 標題の件につき対処いただきありがとうございます。
> 追加のモーター2個が数日で届くのをお待ちしています。

English You Can Use Today

手紙・Eメールで使い回せるメッセージ

　英文レターやEメールのポイントは「用件を先に、そして簡潔明解に」ということです。ただし、手紙でもEメールでも、個人名で特定の相手に書く場合には、ビジネスを円滑に進め、相手に行動を起こしてもらえるように、丁寧で親しみを込めたメッセージが必要です。用件の前後に、次に示すような簡単な挨拶をつければ完璧です。このようなメッセージを入れたひな型をいくつか用意して使い回すと、手紙もEメールも簡単に書くことができます。

【無難に使える挨拶】
　どれも基本的に「お元気ですか」を意味します。

> How are you?
> How are you doing?
> How have you been?
> How are things in（Tokyo, your officeなど場所を示す語が続く）?
> I hope all is well with you.

【お礼で手紙を始めるとき】

> Thank you for your inquiry.　　お問い合わせありがとうございます。
> Thank you for your letter.　　お手紙ありがとうございます。
> Thank you for your reply.　　お返事ありがとうございます。

【返事を早くもらいたいとき】
　最後の2例は、より早く返事がもらいたいことを強調する言い方です。

> お返事お待ちしております。
> I hope to hear from you soon.
> I look forward to hearing from you.
> We are looking forward to your reply.

この件に関し、お返事お待ちしています。
I'll be waiting for your reply on this matter.

ご都合がつきしだいお返事ください。
Please reply at your earliest convenience.

【最後に相手を気遣うメッセージ】
　いずれも「〜をよろしくお願いします」のメッセージを伝えます。日本語の「よろしくお願いします」は英語に翻訳不可能なので、Thank youで言い表します。

ご協力よろしくお願いします。
Thank you for your cooperation.

ご助力よろしくお願いします。
Thank you for your assistance.

ご検討よろしくお願いします。
Thank you very much for your consideration.

ご検討よろしくお願いします。（以下3例の詳細はp.232を参照）
Thank you for your time and consideration.
Thank you for your patience and consideration.
Thank you for your time, help, and consideration.

ご検討よろしくお願いします。（クレームや何かを依頼したときの場合）
Thank you for your attention to this matter.

【結辞】
Sincerely yours,
Sincerely,
Best regards,
Best wishes,

EXERCISES

次の問題を解いてみましょう。

1 以下のメールを、仕事で来日するアメリカの知人より受け取りました。これに対する返事のメールを書いてみましょう。

> Dear Hiromi,
>
> I am coming to Japan on June 13, and I need some advice. How can I get to Tokyo Station from Narita Airport? I will be staying at the Yaesu Princess Hotel. Can I meet you nearby on June 14 or 15? What time is good for you?
>
> I hope to hear from you soon,
>
> Tom

Tomのメッセージを引用して質問に答えましょう。以下の日本語の部分を英語に直してください。

Dear Tom,

① 日本に来ると聞いて嬉しいです。

_____

Let me answer your questions.
>How can I get to Tokyo Station from Narita Airport?
② 成田エクスプレスで東京駅まで行けます。1時間ぐらいかかります。

_____

>Can I meet you nearby on June 14 or 15? What time is good for you?
③ 6月14日の6時に空いた時間があります。ホテルに迎えに行きます。一緒に夕飯を食べましょう。

_____

④ お会いできるのを楽しみにしています、

_____

⑤ あなたの名前

_____

2 インターネットのサイトで、個人が出品する次のような古本の広告を見つけました。

How to Build and Operate a Model Railroad
Price: $7.99　　Sold by: Art Fieldman
1955 paperback *How To Build and Operate A Model Railroad* by Marshall McClintock. Over 100 illustrations plus 16 photographs. Payment by check or money order.

あなたは、この本に興味があります。しかし買う前に質問があります。次の質問メールを書いてください。
　① この古本はどんな状態（condition）であるか？
　② 注文したら、いつ本を発送してもらえるか？

件名：_____

本文：

Dear _____

_____

_____

_____

Best regards,
あなたの名前

解答例

1 返信メール

Dear Tom,

① **I'm glad to hear you are coming to Japan.**

Let me answer your questions.
>How can I get to Tokyo station from Narita Airport?
② **You can take the Narita Express train to Tokyo Station. It takes about an hour.**

>Can I meet you nearby on June 14 or 15? What time is good for you?
③ **I will be free at 6 p.m. on June 14. I will meet you at your hotel. Let's have dinner together.**

④ **I am looking forward to seeing you.**

⑤ あなたの名前
　（電話番号など連絡に必要なことを書きましょう）

2 質問メール

件名：*How To Build and Operate A Model Railroad* by Marshall McClintock

本文：
Dear Mr. Fieldman（または Dear Art Fieldman），

I am interested in this book, but I have a couple of questions.
① What condition is the book in?
　（または What is the condition of the book?）
② When will you send it after I order?
　（または How soon can you send it after ordering?）

I look forward to hearing from you soon,

Best regards,

あなたの名前
（相手は返信するメール・アドレスさえあればよいので、名前だけで大丈夫です）

English You Can Use Today
表現一覧

CHAPTER 1 p. 24
交通・移動の手段の表現

前置詞by＋交通手段

by car
by bus
by train
by taxi
by ship
by sea
by surface
by air
by plane
by land
by foot (= on foot)

数詞＋時間の単位＋交通手段

a ten-minute walk
a thirty-minute drive
a three-hour flight

使い方の例

Our office is a ten-minute walk from the station.
A thirty-minute drive will take you to the airport.
Denver is a three-hour flight from San Francisco.

CHAPTER 2 pp. 38–39
ビジネスでよく使われるモノの主語

報告書や手紙

This report describes the social contributions of ABC Co.
This letter announces an important change in the terms of our contract.

実験、分析、測定、調査、観察などの結果報告

Our analysis reveals that this design is not strong enough.
Our observation shows that the local economy depends on public investment.

図表や章のタイトル

Figure 2 shows the appearance of the product.
Table 1 lists all the types of services available.
Chapter 3 explains error messages.
The following summarizes our discussion.

CHAPTER 3 — pp. 58–59

受け身の英語表現

動作主が不明なとき

His file was taken from his desk.

My stolen bicycle was abandoned in front of the shop.

動作主が重要でないとき

The building was finished six months ago.

The big Christmas tree was decorated on December 1.

動作主が明白であるとき

I had an accident. My car was damaged.

My TV was fixed so I can use it again.

動作を受けた人やモノを強調したいとき

Matt was hurt in the accident, but Jane was not.

Joe's apartment was robbed last night.

一般的なお知らせ

Your attendance is requested at the wedding of Jack and Mary.

All passengers are asked to refrain from smoking.

感情を表現するとき

We were surprised at the news.

She was excited about her trip to Egypt.

CHAPTER 4 — pp. 74–75

日時に関する前置詞

at: ある「一点」の短い時間（時刻、一日のある時点）

at 5:00

at 7:30 p.m. (= at half past seven)

at dawn

at noon

at midnight

at night

on: 特定の日（曜日、日付）

on Monday

on April 1

on New Year's Day

on the afternoon of Aug. 13

in: 特定の期間（一日のある時間帯、季節、週、月、年、世紀）

in the morning

in the afternoon

in the evening

in the first week of May

in summer

in June

in 2005

in the 20th century

What happened last year?

I'll see you next Friday.

We have no school this week.

I remember perfectly what I was doing that day.

My mother has tea every afternoon.

Come and see me any day you like.

CHAPTER 5
pp. 90–91

順序の決まっている言葉

in and out

The cat walked in and out of the house through the window.

back and forth

He paced back and forth as he thought.

up and down

Stock prices go up and down according to the law of supply and demand.

young and old

People of all ages, young and old, will like this movie.

big and small

She loves all animals, big and small.

good or bad

Whether the result is good or bad, my decision will not change.

yes or no

This question should have a "yes or no" answer.

success and failure

She has had many experiences with both success and failure.

here and there

I have many things to do today. I'll be going here and there to take care of them.

black and white

The theme of the fashion show was "Clothes in Black and White."

CHAPTER 6
pp. 106–107

「変化」を意味する「なる」

become

He became a doctor.

She became pale with fear.

get

It's getting cold.

Language learning gets more difficult with age.

turn

The switch turns on.

Leaves turn red.

I'll turn thirty next year. (I'll be thirty next year.)

The weather turned bad.

She has turned into quite a beauty.

be

My cold is much worse.

Children are less active these days.

その他

The temperature has reached [dropped to/risen to] twenty degrees.

Spring has come.

I've begun to like jazz.

It might rain tomorrow.

A birthstone ring makes a wonderful gift.

CHAPTER 7

p. 123

「禁止」を"Do not"を使わないで表現する例

Employees only

Private

Authorized persons only

For internal use only

In-library use only

All rights reserved

Keep out.

Keep off the grass.

Keep away from flames.

Keep medicines away from children.

Thank you for not smoking.

CHAPTER 8

p. 136

「注意してください」の具体的表現

具体性を持たせる ①

Be careful not to drop the device.

Keep the device clean.

Wear gloves when handling the device.

具体性を持たせる ②

All personal information must be kept confidential.

Store personal files according to company regulations.

Leaking personal information is punishable by law.

具体性を持たせる ③

Legitimate businesses will never ask for your credit card password by e-mail.

Check first before sending personal information by e-mail.

CHAPTER 9

pp. 150–151

「断る」ときは相手を気遣って！

Unfortunately
Unfortunately, we don't have the time to try out your idea.

I'm afraid
I'm afraid I can't agree with this plan.

I'm sorry to say
I'm sorry to say that we can't schedule an appointment for you.

We can see your point of view, but
We can see your point of view, but we have decided to use another method.

I appreciate your proposal, but
We appreciate your proposal, but we are looking for something aimed at young people.

I hope you don't mind me saying so, but
I hope you don't mind me saying so, but you've been late every day this week.

It has been my experience that
It has been my experience that online purchases are risky.

CHAPTER 10

pp. 168–169

ハイフンで作る便利な形容詞

ABC Inc. headquartered in Boston
ABC Inc. with headquarters in Boston
Boston-headquartered ABC Inc.
Boston-based ABC Inc.

–sensitive
heat-sensitive components
price-sensitive consumers

–oriented
family-oriented program
market-oriented society
patient-oriented care

–resistant
rust-resistant glass
heat-resistant bacteria

–proof
tamper-proof packaging
earthquake-proof construction

–based
Web-based broadcasting company
Seattle-based coffee shops

–friendly
user-friendly computer
eco-friendly product

CHAPTER 15

手紙・Eメールで使い回せる
メッセージ

無難に使える挨拶

How are you?

How are you doing?

How have you been?

How are things in...?

I hope all is well with you.

お礼で手紙を始めるとき

Thank you for your inquiry.

Thank you for your letter.

Thank you for your reply.

返事を早くもらいたいとき

I hope to hear from you soon.

I look forward to hearing from you.

We are looking forward to your reply.

I'll be waiting for your reply on this matter.

Please reply at your earliest convenience.

最後に相手を気遣うメッセージ

Thank you for your cooperation.

Thank you for your assistance.

Thank you very much for your consideration.

Thank you for your time and consideration.

Thank you for your patience and consideration.

Thank you for your time, help, and consideration.

Thank you for your attention to this matter.

結辞

Sincerely yours,

Sincerely,

Best regards,

Best wishes,

さくいん

3Cs 4, 5, 197, 207
3分の2 71
5W1H 132

A
accept 101
allow 35
appeal 175
articulate 207
as of 223, 224
attack 176
attempt 175
attention 176
avoid 116, 117

B
beat around the bush 190
become 106
be sure to 153
by 70
by+交通手段 24
by+動作主 54

C
cause 34
cause and effect 33
challenge 174
chance 182, 183
clear 4, 5, 197, 207
collaboration 183
come straight to the point 190, 192
concrete 4, 5, 197, 207
confident 4, 5, 197, 207
content 184
contents 184

D
demand 157
discount 177
do not 113, 115–117, 123
downsize 181

E
economy of words 155
enable 36
etc. 148, 149
example 201–203, 205, 208, 209, 211
expose 116

F
for example 149

G
genre 184
get 106
get married 101

I
impossible 163
improve 177
include 149
I think 140, 146, 147

J
just 85

K
keep away from 116
keep out of 116

L
lead to 34

M
maybe 141, 142

N
native 181
notを使わない形 120

O
ofの濫用 64
only 85, 86
opportunity 183

P
paragraph 208
permit 36
point 201–203, 205, 208, 209, 211
PREP構成 201, 202, 204
PREP手法 200, 201, 202, 208
probably 144
problem 182
protect 116

R
reason 201–203, 205, 208, 209, 211
redundancy 159
restructure 181
rule of thumb 80, 193

S
seem 144
service 177
shield 116
small words 69
stick to the point 192, 193
streamline 181
such as 149

T
text message 179
there is/are構文 96, 98, 99
transfer 101
transition 208, 209, 212
try 175
turn 106
two-thirds 71

251

U

until 70
upgrade 177

W

What brought you…? 30, 37
What made you…? 37
which ＋ be 164
which ＋ have 165
who ＋ be 164
who ＋ have 165
win 180
within 71

あ

挨拶 217, 218, 220, 240
相手を気遣う 237, 241
アウトライン 200, 204–206, 209–211
アクション志向 43
アタックする 176
あちこち 91
〜アップする 177
宛名 223
当てる 116
アドレス 180
アピールする 175
「ある」 98

い

以外 114, 115
行ったり来たり 90
移転のお知らせ 220
異動 223
イベントのお知らせ 222
イメージ志向 43
「いる」 98
因果関係 33

お

恐れがある 99
オピニオン・エッセイ 200, 206, 208, 210
思います 140, 146, 147
面白い 130, 131
思われます 142, 144
お礼 240
お礼のメール 239

か

確認する 44, 46
過去形 102, 103
重ね言葉 160
箇条書き 226, 227, 229, 233, 236
仮主語のit 162, 163
考えられます 142–144

き

機会 183
狭義 47, 128
禁止 113, 123

く

苦情のメール 236

け

経験則 80, 193
敬語 37, 105
形容詞の位置 79, 88
結構です 123
結婚する 101
結辞 219, 232, 241
ゲットする 180
結論 191, 192, 196, 197, 201, 202, 208, 209, 211, 213
原因＋cause 34
現在形 102–104
現在進行形 103, 104

こ

好印象を与える 118, 233
購入する 53
心遣い 233
ございます 105
個人情報 136
断る 123, 150
コラボレーション 183
コンテンツ 184, 185

さ

サービスする 177
採用する 53
遮る 116
避ける 116
させていただく 105
残念ながら 150
賛否 91

し

辞書 48–51, 73, 119
時制の間違い 102
実行する 53
実施する 44, 45, 53
質問のメール 229
している 103, 104
しているところ 104
支払い 46
ジャンル 184
終了する 53
手段＋allow 35, 36
受動態 54, 58
取得する 53
需要 157
上下 90
消費する 53
省略 166, 167
処置する 133
署名 227, 228
所有・帰属のof 65
序論 191, 192, 201, 208, 209
白黒 91

す

遂行する 53
推量の表現 142, 144
数詞 88
スラング 87
スリム化する 180, 181

せ

成否 91
設定する 44, 46, 49

そ

備える 47

た

対応する 44, 46, 47, 50
大小 90

~ダウンする　179
他動詞　28, 34
誰が何をする　13, 21, 54, 97–99

ち
近いうち　132
チャレンジする　174
チャンス　182, 183
注意してください　136, 137
注文の品物　26

つ
都合が悪い情報　19
都合の良い情報　18
つなぎの文　208, 209, 212
強い動詞　42, 43, 53, 54, 56, 57

て
「で＝by」ではない　68
丁寧な言い方　37
丁寧な質問　37
丁寧な表現　150, 230
出入り　90
転勤　223
転勤する　101
転職　224
「転」の文　195, 196

と
等　148
道具＋allow　35, 36
遠ざける　116
トラブル　182

な
内容　184
中身　184
など　148, 149
「なりました」　100, 101
「なる」　100, 106, 107

に
「に＝to」ではない　66
二重否定　122
~日付で　101, 224
入手する　53

ね
ネイティブ　181

の
「の＝of」ではない　64
能動態　54, 55

は
把握する　44, 45, 48
排除する　53
配達日　46
始める　53
パラグラフ　208–212
反対語　120

ひ
ヒートアップ　178
控えめに使いたい表現　87
引き受ける　101
引き起こす　34
必要がある　99

ふ
不可能　163
副詞の位置　79, 80
雰囲気作り　230, 237

へ
弊社　150
へりくだり表現　105
返事　231, 233, 237, 239–241

ほ
保護する　116
本社　168
本論　191, 192, 201, 208, 209, 211, 213

ま
マイホーム　172

む
難しい動詞　52
無生物主語　28, 29, 32–36

め
メールする　179, 180

も
申し上げます　105, 108
モノ　28–38

や
やさしい動詞　53

よ
~のようです　142–144
善し悪し　91
よろしくお願いします　232, 237, 241
弱い動詞　42, 43, 54, 56

ら
ラインナップ　178

り
リストアップ　172, 173
リフォーム　172, 173
理由＋cause　34
利用する　53

れ
連絡する　132

ろ
老若　90

わ
私の経験では　151
悪い情報　118

253

あとがき

　この本の著者2人は、1976年、渋谷にある大学のキャンパスで知り合いました。その年、アメリカは建国200周年を祝い、日本ではハローキティが誕生しました。それから本当に長い年月がたちました。その間、1人は海外の大学で学び、英語の小説を読みふけりつつ、英語とその文化を吸収していきました。もう1人は日本に長く住み、PTAや子供会の役員を引き受け、生まれ育ったアメリカとは異なる文化のなかで家庭を営みました。そして2人とも翻訳の仕事に携わり、それを続けるなかで、日本語と英語の言語と文化の違いに日々触れています。

　あるとき、2人の経験を合わせれば、ユニークな視点で2つの言語間のコミュニケーションの問題に取り組めると思い至り、本書の構想が生まれました。実際に書き始めると、いろいろなアイデアが次から次へと沸き、取捨選択をするのが大変でした。それはまさに「本当に伝えたいこと」を確認する作業の連続でした。読者の皆さんが英文を書く際に、少しでも参考になることがあれば幸いです。

- - -

　この本を書くにあたり、たくさんの方からご教示をいただきました。サン・フレア　アカデミー事務局の方々には、英訳に関するテキスト執筆の機会を与えていただき、そのテキストが本書の土台となりました。出版企画をあたためていた段階では、友人の前川真理さんと船山直子さんが親身になって相談に乗ってくれました。執筆中は、長年翻訳の仕事でお世話になっている小林紀元さんに有益なアドバイスと励ましをいただきました。群馬県立女子大学国際コミュニケーション学部の細井洋伸先生と第1期生の皆さんからも、貴重な意見とインスピレーションをいただきました。本書で紹介したPREP手法は、英語ディベートの師である井上敏之コーチとTimothy Wrightコーチの教えとトレーニングを基にしています。そして、書き直しのたびに繰り返し原稿を読み、コメントしてくれ

た遠田均は大きな支えでした。そのほか、ここですべての方のお名前を挙げることはできませんが、多くの友人と家族のサポートを受け、この本を完成させることができました。この場を借りて深い感謝の意を表したいと思います。最後になりますが、講談社インターナショナル編集局の浦田未央さんには、企画段階からさまざまな助言をいただきました。浦田さんの力添えがなければ、本書がこの世に出ることはなかったことと思います。心からお礼申し上げます。

2007年7月

遠田和子
岩渕デボラ

英語「なるほど!」ライティング

2007年9月26日　第1刷発行
2021年6月3日　第10刷発行

著　者　遠田和子、岩渕デボラ
発行者　鈴木章一
発行所　株式会社講談社
　　　　〒112-8001　東京都文京区音羽2-12-21
　　　　販売　東京 03-5395-3606
　　　　業務　東京 03-5395-3615

編　集　株式会社講談社エディトリアル
　　　　代表　堺 公江
　　　　〒112-0013　東京都文京区音羽1-17-18　護国寺SIAビル
　　　　編集部　東京 03-5319-2171

印刷・製本所　大日本印刷株式会社

定価はカバーに表示してあります。
落丁本・乱丁本は購入書店を明記のうえ、講談社業務宛にお送りください。送料小社負担にてお取り替えいたします。なお、この本についてのお問い合わせは、講談社エディトリアル宛にお願いいたします。本書のコピー、スキャン、デジタル化等の無断複製は著作権法上での例外を除き禁じられています。本書を代行業者等の第三者に依頼してスキャンやデジタル化することはたとえ個人や家庭内の利用でも著作権法違反です。

© 遠田和子、岩渕デボラ 2007
Printed in Japan
ISBN 978-4-7700-4074-9

KODANSHA